如何用互联网思维创富

贾君新◎著

时代出版传媒股份有限公司
北京时代华文书局

图书在版编目（CIP）数据

如何用互联网思维创富 / 贾君新著 . -- 北京： 北京时代华文书局，2014.12

ISBN 978-7-80769-924-8

Ⅰ. ①如… Ⅱ. ①贾… Ⅲ. ①互联网络－应用－企业管理－研究 Ⅳ. ① F270.7

中国版本图书馆 CIP 数据核字 (2014) 第 258599 号

如何用互联网思维创富

著　　者 | 贾君新

出 版 人 | 田海明　朱智润

责任编辑 | 李　争

装帧设计 | 异一设计

责任印制 | 郑珊珊

出版发行 | 时代出版传媒股份有限公司 http://www.press-mart.com
北京时代华文书局 http://www.bjsdsj.com.cn
北京市东城区安定门外大街 136 号皇城国际大厦 A 座 8 楼
邮编：100011　电话：010－64267120　64267397

印　　刷 | 北京中印联印务有限公司　010－87331056
（如发现印装质量问题，请与印刷厂联系调换）

开　　本 | 720×1000mm　1/16

印　　张 | 14

字　　数 | 201 千字

版　　次 | 2015 年 3 月第 1 版　　2015 年 3 月第 1 次印刷

书　　号 | ISBN 978-7-80769-924-8

定　　价 | 35.00 元

前言 PREFACE

这是个大转型的时代。历史的车轮将从后工业社会碾向前信息社会。互联网的汪洋大海席卷了全世界每一个领域。没有谁能避开这一轮又一轮大浪淘沙般的洗礼。无孔不入的互联网已经将各行各业都包罗其中。

一方面，传统企业在互联网的冲击下沦为夕阳产业，形势岌岌可危。另一方面，新兴的互联网企业风头正健，打破了许多记录。无论你愿不愿意承认，在这个年代，企业如果不能融入互联网，就无法适应新的市场环境。

那些曾经获得辉煌业绩的知名企业，要么被新兴的后起之秀盖过风头，要么主动向互联网转型，把原有优势发挥到一个新的境界。而那些刚上路的中小企业，也获得了千载难逢的发展机遇。在新生事物面前，大家几乎被拉到了同一起跑线上。只要善于运用互联网，以小博大、以弱胜强，都有可能发生。就算是不起眼的行业，借助互联网也可能焕发出新的生命。

一言以蔽之，谁能抓住互联网经济中隐藏的商机，谁就是未来的赢家。谁能用互联网改造自己，谁就能完成新时代的转型。

当互联网经济浪潮席卷而来时，已经有不少嗅觉敏锐的传统企业开始“触网”。它们试图嫁接电子商务，在微博、微信等新网络平台上进行宣传。然而，同人不同命。尝试的效果并不如想象中那样显著。人们都不约而同地患上了“互联网焦虑症”。唯恐落后于时代潮流，却又遍寻不得法门。有专家诊断说，那些“触网”不成功的企业，主要是缺乏互联网思维。新瓶装旧酒，没能真正发挥互联网经济的潜力。

人们对互联网思维的探索才刚刚开始。什么是互联网思维？众说纷纭。互联网思维到底有没有用？争鸣不断。在大转型阶段的任何讨论，都是有价值的。时间迟早会让互联网思维发展成一个成熟的体系。而我们要做的，正是对精彩案例有了一些思考并精心梳理后呈给同行们，并希望能给大家带来一定的启发。虽然互联网思维的定义五花八门，但其内涵大体包括以下几个点：

其一，互联网思维的核心是用户思维，这是整个互联网思维体系的基础。

所谓用户思维就是“以用户为中心”。从产品设计到服务体验，都要紧紧围绕“以用户为中心”的原则进行。互联网技术使得信息透明化，打破了企业与消费者之间信息不对称的格局。用户掌握的品牌、价格等产品信息远超过去。他们不但有更多自主权，还得到了前所未有的话语权。用户思维要求企业改变之前单向听取用户反馈意见的做法，让用户参与到企业运作的每一个环节中。企业收集市场需求、提供产品设计创意、测试产品性能、推广营销等工作，都让用户参与其中。这样才能实现企业与用户的双赢格局。

其二，互联网思维主要体现为对互联网平台的充分运用。

传统行业经过互联网改造后大获成功的例子不在少数。只有12道菜品的雕爷牛腩，卖坚果的三只松鼠，卖煎饼果子的黄太吉，都不是新兴的互联网企业。但他们都善于利用互联网的平台为自己积累人气、打造品牌，从而做出了让同行们瞠目结舌的出色业绩。

其三，互联网思维重视大数据营销。

IT科技的不断进步，为企业提供了强有力的技术支持。过去企业做市场调查多采用街头问卷等形式，调查样本规模有限，而且费时费力。互联网技术催生了大数据，让企业能够一次性收集到海量的市场数据，并从中挖掘出更多市场需求与潜在客户。

其四，互联网思维致力于提供增值服务。

老话说：买卖不成仁义在。这个观念在互联网经济时代已经变为“买卖与仁义”同在。企业服务用户，不光是做生意，更是做人情。具体而言就是为不同的用户提供相应的增值服务。先把用户圈好了，才能圈得住钱。只有把人情做好了，企业的口碑才能传开，业绩自然也就水涨船高。

其五，互联网思维包含了粉丝思维，没有粉丝就等于是没有品牌。

粉丝就是企业的忠实用户。得粉丝者得天下，无粉丝者无品牌。品牌的价值不再单纯以美元或人民币来衡量。粉丝的数量，粉丝的忠诚度，粉丝的品位，粉丝团的协作能力，将成为衡量企业品牌价值的重要标准。品牌的身价有多高，企业粉丝团的身价就有多高。反之亦然。企业应当经营好几十万甚至几百万铁杆粉丝，设计出最合粉丝口味的产品。因为他们才是企业真正的拥趸与衣食父母。

其六，互联网思维下的宣传路径主要来自用户的口碑。

在互联网经济时代，口碑即是王道。粉丝用户对产品品牌的吐槽，将成为企业不断完善自己的动力。让用户尽情吐槽，然后根据反馈意见改进自己的产品与服务，使产品赢得用户的好评。借助网络互动交流，推出超过用户预期的产品与服务，从而把用户变成自己的粉丝。然后再通过粉丝的反响在各网络平台进行口碑营销。谁能培养出一批勤于吐槽且愿意给不断进步的你予以高评分的忠实用户，谁就能在市场竞争中长盛不衰。

其七，互联网思维要求人们改变固有思维，积极颠覆过去的传统。

企业应当借助电子商务的优势，让用户从最便捷的渠道获得产品。提供全方位的便捷服务，把用户变成你的忠实粉丝。一直以来，产品的内容和价值都是企业创造的。这个常识在互联网经济时代将遭到颠覆。用户也可以产生内容和创造价值。若能充分利用这点，说不定能开辟新路子。通过产品IT化与渠道数字化等手段，互联网经济中产品的自媒体特性背后所隐藏的价值将得到充分发挥。

其八，互联网思维强调简约思维，崇尚简约主义的审美观。

互联网实现了生产商与用户之间的无缝对接。企业与用户可以直接进行互动交流。“一切从简”的简约主义，已经成为企业开发产品与提供服务的新准则。看着简洁，用法简明，描述简单，能做到这三点的企业将在互联网经济中如鱼得水。简约的力量就是专注的力量。发扬专注精神，把最简单的业务做到极致，同样会获得成功。企业在打造让用户尖叫的极致产品的同时，别忘了贯彻“简约即美”的理念。

中国创富已经进入了3.0时代，即第三次互联网创业潮流。创富之路呈现出多元化趋势。企业的商业模式也会不断翻新。利用好互联网平台，把握潜在的机遇，开辟一条适合自己的致富通道。一步一个脚印，从借鉴他人的互联网思维开始。

目录 CONTENTS

Chapter 1 互联网思维

用户思维是互联网致富的核心思维

Chapter 2 互联网平台

面向14亿用户的万能钥匙

创富案例

Chapter 3 大数据营销

深度挖掘互联网里的潜在用户

创富案例

Chapter 4 增值服务模式

先圈用户，再圈钱

创富案例

Chapter 5 粉丝赢天下

记住！没有粉丝的品牌都会消亡

创富案例

Chapter 6 吐槽化传播

用户体验下的口碑传播

创富案例

Chapter 7 改变思维模式

怎样抓住人们的固定思维去赚钱

Chapter 8 简约思维法则

用户喜欢你只需要一个理由

Chapter 1

互联网思维

用户思维是互联网致富的核心思维

互联网思维是什么?

用互联网思维做生意，首先要理解互联网思维的含义。互联网思维中关键的一点是“免费”，就是要在做互联网时学会免费思维。要做好互联网，或是想要将互联网思维运用到自己的实际工作中，最有效的一招就是在别人收费的地方免费，在别人赚钱的地方亏钱。虽然这样的免费观念与传统的商业观念大相径庭，但在现如今免费横行的互联网时代，却是最有效、最快速的一种创富方法。

从互联网思维的角度看客户，与从传统商业思维的角度看客户是完全不同的，在互联网人的眼中，客户是用户。用户与客户虽然只有一字之差，但是其所包含的含义却有极大的不同。用户思维是一种打动思维、一种信任思维、一种社区营运思维，这和客户思维中的“客户是上帝”完全不同。用户思维是用真诚、用产品来感动客户，如黄太吉煎饼。

互联网时代一切都是以用户为中心，所有的服务与产品都是围绕用户进行，只有用户想要什么，而没有你要给用户什么。互联网的出现让消费者主权得以形成，所以，一切以用户为中心取代了“客户是上帝”，而成为企业服务的宗旨。

互联网的出现颠覆了传统商业的经营模式，互联网思维的形成也让一些传统行业呈现出了新的面貌，焕发出了新的生机。例如，万科房地产就是利用互联网思维对房地产经营策略进行了一次大变革，改变了自己传统的地产商形象，取得了很好的效果。

想要创业成功或者是转变企业的形象，首先要做的就是正确地理解互联网，理解互联网思维的用户思维是怎么回事。

1. 什么是真正的互联网思维

互联网思维，就是在（移动）互联网、大数据、云计算等不断发展的高科技背景下，对市场、对用户、对品牌、对企业的价值链，甚至对整个商业生存状态进行重新审视的思考方式。

互联网思维最早是由百度公司创始人李彦宏提出的，在一次百度大型活动上，李彦宏在和一些传统产业的企业家探讨未来发展趋势的问题时，第一次用了“互联网思维”这个词。李彦宏最开始对互联网思维的认识是这样的：“以后经营企业，我们就要用上互联网思维，可能你目前所从事的工作与互联网没有什么太大的关系，但你的思维方式却一定要与互联网的方式相符。互联网在中国虽然不如国外发达国家发展得快，但现在互联网思维这种观念已经渐渐地被各行各业的人所认可。”

互联网思维真正在各大行业崛起，还要追溯到QQ教父马化腾在2013年11月10日举行的腾讯WE大会的演讲，用户思维、简约思维、极致思维、迭代思维、社会化思维、流量思维、大数据思维、免费思维等有关互联网的思维开始全面地渗透进各行各业。

互联网思维是与工业化思维相对而言的，一种技术要从工具属性和应用层面全面渗透到社会生活中，会经历很长的时间。比如珍妮纺纱机从一项新技术到改变整个纺织行业，到后来被定义为工业革命的开始，再到影响了东西方国家的经济格局，其中的跨度至少需要几十年，但互联网思维却以很快的速度改变了整个商业圈，这与互联网本身的性质是分不开的，那就是快捷。

旧制度和新时代会让我们形成观念性的错位，这样一来，我们就难免会处在尴尬与艰难之中。越是成功的传统企业，转型就越困难，这就是所谓的“创新者的窘境”，现在很多传统企业在面临互联网的全面来袭时，都是这种状况。

互联网思维是商业民主化的思维，工业化时代的标准思维模式用三个“大规模”就可以概括，即大规模生产、大规模销售、大规模传播，这三大就是被工业化时代企业奉为圭臬的“圣三位一体”。工业化时代的核心是资源和产品，但对于互联网时代来说已经发生了逆天的改变。现在的产品更多的是以信息的方式呈现，曾经的渠道垄断在现在已很难实现。最为重要的一点是，过去让人头痛不已的媒介垄断已被互联网思维打破了，广大的消费者同时成为了媒介信息内容的生产者与传播者，传统工业化的基础结构瓦解后，生产者和消费者的权利发生了巨大的转变，消费者主权形成。

互联网思维是用户至上的思维。虽然传统企业也提倡用户至上，以产品为王，但是他们这种口号更多的是一种自我标榜，或是出于企业主的道德自律。但在互联网时代，在这消费者主权的潮流中，用户至上已经成为一种必须遵循的原则，企业要真真正正地去做到讨好用户。

比如淘宝，在淘宝上消费时我们会根据商品的好坏决定给予好评还是差评，在这种情况下，好评就成了一种有价值的资产。这就是用户至上的思维，消费者完全掌握了主动权。

互联网思维下的产品是一个生命体，它如人类一样需要不断地进化，才能让自己趋于完美。在所有功能都被满足的情况下，消费者的需求是呈现分散状态的，是个性化的。购买行为的背后不只包括对功能的追求，还包括产品的展示。这种产品的展示不像以往的功能需求那样简单直接，所以，行业对消费者需求的把握同时也是一个测试的过程，一个保证自己的产品不断精益求精以及迭代的过程。小米手机之所以卖得好，就是因为它每周迭代一次，马化腾的微信为何在几年时间内就迅速地超越了QQ，因为它在发布的第一年就迭代开发了44次。

什么是真正的互联网思维？我们从近几年火爆的淘宝中就可以体验到。茶行业是一个流传了几千年的传统行业。在过去，茶叶的销售都是依靠传统实体店销售到各地。近几年茶叶市场火爆，但是想要开一个茶叶店并不是一件容易的事情——茶店的投资少说也要几十万。除了高昂的房租和店铺的装修费用，茶叶储存也是一笔不小的花费。所以很多人在这庞大的资金投入面前却步，也有人在投入资金后亏损连连。

但有一个人却用小钱在茶行业赚了大钱。他没有投入几十万的资金，也没有开一家实体店，他只用1000块钱在淘宝上开了一家茶叶店。这个人名叫姜丰坤。

姜丰坤出生于茶叶之乡，有着深厚的茶文化背景，而且他也是一个种茶高手。大学毕业后他没有选择留在大城市里工作，而是选择回老家种起了茶叶——他想自产自销。但到了种茶有成的时候，如何销售却成了他的一个大难题——他刚从校门走出来不久，手上根本没有足够的资金让他开茶店，有货源却没有销售渠道成为了他当时最大的难题。后来他看到服装在淘宝网上卖得风生水起，顿时灵机一动：是不是可以将茶叶也放到网上卖呢？在查阅了相关方面的资料后，他欣喜若狂，因为在淘宝开店投资很小，只需要1000块钱的押金。于是，他立刻开始筹备淘宝茶叶店。

淘宝店刚开始时并不顺利，他知道想要卖得好做好产品展示是关键，因此他花了好几个月的时间忙碌茶叶细节的图片，待茶叶图片弄好后，他又面临着另外一个困难——怎样将客户吸引到自己的淘宝店中。他从一些有经验的淘宝卖家那里得知，想要做好淘宝店，点击量很重要，于是他又在淘宝直通车上做了小广告。很快地，他的淘宝店浏览量就迅速上升了，凭借着店内出色的宝贝展示和自产自销的特色，有很多客户开始下订单，甚至还有人打电话来咨询。

广东有一个客户说朋友以前送过他一些崂山茶，他觉得非常好喝，但在广东的实体店里找不到，于是想在网上搜搜看。当他看到在姜丰坤的店内有这款茶时，马上就下了两斤的订单。现在他已经成为姜丰坤茶店的忠实客户，每个月都会来姜丰坤的店里买茶叶，而类似这样的客户姜丰坤还有很多。

姜丰坤除了注重店内的推广外，也很注重客户的好评率。他刚开始接到订单后，使用的都是普通邮寄，结果有个滨州的客户第二次买茶，由于他经验不足没把茶叶包好，茶叶寄到客户那里时已经碎了。客户打电话问姜丰坤是不是给了他碎茶，姜丰坤解释说茶是在路上碎的。客户又问茶叶的颜色为什么和上次不一样，姜丰坤说是茶叶每次炒的火候不一样。客户听完就挂了电话，似乎不太满意。姜丰坤担心客户会给差评，于是又重新包了一斤茶叶给客户寄了过去。客户收到茶叶后打电话问姜丰坤为什么又给他寄茶。姜丰坤的解释是上次的碎茶是自己的失误造成的，这次的算是补偿。客户对他的态度非常满意，说以后要茶的话还会联系他，后来这个客户还给姜丰坤联系了一个大客户，每次都会买几十斤茶叶。

现在姜丰坤的网店越做越大，他把淘宝店发展成了公司，每天基本上都有上万元的营业额。

在姜丰坤的身上，很好地体现出了互联网给人带来的好处。他逆袭了传统行业，用小投资赚了大钱。而他就是注意到了互联网思维中的平台、用户、口碑、流量等思维，所以才能以小博大，成功创业。

2. 互联网不是免费，但做互联网要学会免费思维

互联网之所以能做免费，目的是为了获取流量。互联网的产品往往不向用户直接收取费用，而是利用免费策略将用户牢牢地锁在自己的手中。很多人以为互联网就是免费模式，其实不然，做互联网不是免费，而是要在做互联网中学会免费思维。

互联网产品和服务都属于数字化。比如说，你做一个东西花了1万元钱，如果有1万个人使用，那么成本摊开后就是每个人1元钱，如果有1亿个人在使用你的东西，那么每个人承担的成本几乎就可以忽略不计。但是，有了1亿个用户之后，是做增值服务也好，还是做广告也好，每个人就是一个ARPU值，相当于每个使用你产品的用户都会给你贡献收入，于是收入就会超过每个人分摊的成本。QQ、360等互联网大户都是依靠免费起家的。其实免费这个商业模式并不是互联网的独创，但互联网却把这个模式

做到了难以超越的极致。

互联网的免费模式是让消费者完全不用自己掏腰包，但是只要消费者习惯了使用它的产品以后，就会在它的产品上进行内容创造，而消费者在产品上面创造的内容远比产品本身更吸引其他消费者，这就是Web2.0的商业模式，也是很多大型网站的核心竞争力。

与互联网的免费策略相比，消费者对传统行业的免费模式却有着天然的免疫力。为什么同是免费模式，消费者却有着两种不同的态度呢？那是因为互联网免费模式的野蛮时代已经成为过去式，一些暗扣、钓鱼网站、流氓软件越来越少，网络生态变得越来越安全。

想要做好互联网，或者想要将互联网的免费思维应用到自己所从事的工作中，最狠的一招就是在别人收费的地方你免费，在别人赚钱的地方你亏钱。这样的免费策略虽然完全颠覆了现有的商业模式，但却是一个非常行之有效的办法。当年，360的崛起靠的就是这一招，别的杀毒软件都要收费，而360则反其道而行，全面实施免费政策，这让它迅速圈了大量用户。

其实互联网思维与收费、免费没有太大的关系，免费不可能成为互联网的必然因素，用户价值才是互联网的最明显特征。免费不仅是给用户创造价值的典型手段，而且是最好的一种手段。但免费在本质上是不存在的，而是将价值链拉长了——免费只是实现了费用承担者的转移。

至于如何利用互联网中的免费思维，这在淘宝案例中也时常见到，就如我们之前所说的淘宝茶叶卖家。

淘宝天猫卖家“艺福堂”茗茶是杭州艺福茶叶有限公司在2006年创立的自有品牌。2006年，当李晓军看到网络发展的大趋势后，立刻抓住时机在淘宝上开了网店，销售茶叶。他是首位皇冠级的淘宝茶叶卖家，并获得了茶叶类标王的称号。现如今，艺福堂已成为“网络第一茶叶品牌”，茶叶销量居淘宝同类产品第一位，每推出一款茶叶月销量数均以百万计。

2013年的淘宝“双十一”当天，截止24小时整，艺福堂全线商品交易总金额突破1000万元，包裹数量突破11万个，平均每分钟能产生6954元的成交额，有242107人次参与2013年艺福堂的“双十一”抢购活动，刷新了中国互联网茶叶“双十一”网络购物交易额的全新记录。

为什么艺福堂能获得如此巨大的成功？这源于艺福堂CEO李晓军将互联网思维运用到了极致。在艺福堂创立之初，李晓军就在淘宝店铺上规划出了一个付邮费试喝的版块，买家只要付几块钱的邮费就可以免费领取店内的茶叶。这个付邮费免费喝的活动很快引起了茶叶买家的关注，很多人都对这种模式感到好奇，只需要花个邮费就可享受到好喝的茶叶，何乐而不为呢？如果好喝买家可以下次再到店内购买，如果不好喝也就是花几块钱邮费的事，茶叶本身又不用花钱。

许多买家在购买茶叶时都会有这样一种心理，担心花了大笔的钱却买回了不好喝的茶叶，而退货又比较麻烦。在这种心理的作用下，买家的消费热情就会被熄灭，从而影响店铺的销售，而李晓军的免费试喝模式正好打破了消费者这一心理障碍，买家的购买欲迅速被激发，从而使艺福堂的销售量得到了大幅提升。

李晓军在推广付邮免费试喝版块的同时，还推出了“无条件退货”的卖家规则，他提出，只要买艺福堂的茶叶，货物送到后可以免费试喝三杯，若不满意，或发现价格比商场、超市卖得贵，都可以申请退货，不仅全额退款，邮费也由李晓军承担。李晓军抓住了当时其他茶叶卖家的空白之处，在别人收费处自己免费——喝其他家的茶叶要钱，喝艺福堂的茶叶则完全免费；其他家退货需要自己承担邮费，而艺福堂则全部包邮。正是因为李晓军抓住了互联网思维中的免费思维，才使得艺福堂刚刚成立一年，就已经在网上卖得风风火火。

对于免费这个策略，也许我们可以从广义方面来理解，零利润也是一种免费，也就是成本价格，平进平出，不赚钱。很多刚开的网店采取的就是这种策略，对店铺的信誉提升很有帮助。网店的这种免费策略会给传统的硬件企业带来很大的危机感，如艺福堂的花茶以成本价一斤50元卖出，但在传统的茶店内则需要80元到100元，在这样的价格差异下，传统茶店的生意必然会受到冲击，硬件的利润是传统企业的命根子，这完全不是一回事。

但互联网并不是免费，所以在做免费策略时需要遵循两个原则：一是虽然免费，但产品质量必须过关。越是免费的产品，用户进行选择的成本就越低，那用户抛弃的成本也就会更低。二是要时刻谨记免费才是最昂贵的。不是所有的企业都能进行免费策略，这要因产品、资源、时机而定。

免费生财，首先，需要充足的资金，否则企业无法继续运行。

其次，经营者需要有前瞻性，明确到底哪方面可以赚钱，做生意不是做慈善，盈利才是第一目标。如果只是盲目地选择了免费策略，而无法找到获利的地方，那你永远无法获得成功。当消费者把免费变成一种习惯时，想要收费就很困难了。所以不要轻易尝试免费策略，虽然在互联网时代，免费商业模式早已泛滥，但也必须清楚地认识到免费也是有门槛的。

免费模式门槛一：规模，免费模式如果要做到交叉补贴，就需要有一定的规模，没有足够大的规模作支撑，就无法吸引更多的付费人。

免费模式门槛二：优质，免费的服务不等于低质量的服务，免费的产品也不等于低质量的产品，免费的服务和产品要比付费的还要优质，才可以让用户信赖你。

免费模式门槛三：资金，要达到交叉补贴的目的，就必须有充足的资金作支撑，否则实行免费模式只会让失败来得更快。

互联网不是免费，人们创业也不是抱着免费的目的去做，而是要从互联网的免费思维中找到付费的思维。

3．为什么是用户思维而不是客户思维

很多人将“用户”和“客户”混淆在一起，以为二者并没有什么不同。其实不然，虽然二者只有一字之差，但内涵却大大的不同，所以，不同的立足点也就带来了不同的经营理念。

用户是产品的最终使用者，而客户却不一定是最终的使用者；用户关心的是使用价值，而客户关心的更多的是价格；与客户的关系是基于交

易，而用户则不一定是产品的买单者；以客户为向导，营销策略是有效的，而以用户为向导，体验才是最为关键的。

有个口号想必大家都是耳熟能详的——“客户是上帝”！那么这句话是怎么来的呢？

在传统的企业管理和市场营销理论中，一个企业所要做的最为重要的两件事就是创新与销售，而创新是服从于销售的，因此，销售才是企业最为核心的战略。很多企业的大老板本身就是营销专家，他们殚精竭虑、费尽心思也不过是为了两个字——销售。而销售就离不开客户，在传统的企业中为了做好销售，企业就得努力地讨好客户，无论对错。

但客户真的是上帝吗？这句话的本意是客户至上的理念，本质上是要为客户做好服务，提高客户的体验，但传统企业把客户提升到上帝的高度，那就错了。把客户当作上帝来对待，这是一种不平等的关系。企业为什么要把自己放在不平等的位置上呢？答案很简单，客户代表着企业的盈利。正是这种客户是上帝的价值观，让企业步入了一个“见钱眼开”的误区。客户是上帝引发的无下限做法，本质上是商家的唯利是图，既无法尊重客户，也无法得到客户的尊重。

客户是上帝的本意是为了要尊重客户，以客户为中心来发展服务，但是因为客户接受产品和服务是被动的，没有途径申诉自己的主张与想法，所以这种理念变成了一种施予式，而不是基于平等和互相尊重的行为。

用户思维和客户思维有着极大的不同，在互联网的商业世界里，用户是主角，消费者由货币选民变为用户，商家、企业和消费者形成了一种独特、自由和平等的关系链。谁也不用去讨好谁或依附谁，他们是因为产品的魅力才互相吸引，因真诚而互相交流，因信任而结成新的商业社群。

通常，用户思维有以下三大特征：

特征一：用户思维是一种打动思维，而传统的客户思维则是告知思维。客户思维通过大量的广告和促销手段来告诉客户，我的产品怎样怎样好，快来购买我的产品吧，这其中最具代表性的就是电视购物。这种告知的思维方式是以直接形成交易为目的，至今还有很多企业采取这样的方式：制造产品、新闻发布、放置广告，等等。以这样的方式促成的交易不仅缺少温情，而且存在着大量的欺骗性。

而用户思维是一种打动思维，相比淡漠、强制性的客户思维模式，用户思维是把每一个消费者都当成朋友，产品是他们产生关系的唯一媒介。

特征二：用户思维是信任与认同的思维，打动消费者只能算是个开始，想让消费者成为忠实的用户，还需要带给他们认同感和信任感，只有这样才算是真正的用户思维。要想获得用户的信任，就要让产品体验超出他们的预料之外，即在满足用户的基本诉求之外，还能带给他们极致的产品体验和身份认同。

用户的思维和认同会带来一种什么效果？比如，你购买了华为、联想、HTC的手机，这三者会让你产生什么不一样的感觉？没有，它们基本上是雷同的，但如果你买了小米或苹果手机，那你的感觉就完全不一样了。因为小米和苹果代表了一种生活方式、一种价值观。你在感觉到它可以信赖的同时，还可以感觉到对自己及身份的一种认同——小米和苹果存在着一种情感认同，无论是苹果的品质生活，还是小米的极客文化。

特征三：用户思维是社群营运思维。传统的客户思维体验是客户与商家发生了交易之后才产生的，而用户思维则是从你开始关注时，体验就已经产生了。只要发生关系，比如，你在关注微博或订阅官方微信时，就已经成为了用户。用户思维模式，就是通过持续不断地体验，让你从关注到产生兴趣，再到成为使用者，然后变为粉丝，最后形成社群。

社群是用户思维模式运营的最高级形态，如果想要知道社群会形成多大的力量，只要想象一下宗教和信仰的关系就可以了。商业社群触发于产品，深化于体验，成型于产品的独特魅力。产品有多极致，体验就有多完美，对社群的感召力就有多大。

移动互联网，特别是微信、微博的出现，让社群组织变得更容易，微信可以让一群有着共同兴趣、爱好，相互间高度认可的人自发形成一个组织，形成一个社群。

黄太吉煎饼就将这种社群营运做到了极致，在长达16个月的时间里，他们对黄太吉煎饼所做的营销就是不断地聊天，不断地沟通。黄太吉的创始人赫畅每天都要在微博、微信上处理几百条评论，转发或者回复私信。在他们的私信里，如果出现投诉黄太吉的内容，他们会在5分钟之内作出回应，然后把内容贴到微博或微信群上，群里有一个组的人专门负责追踪到具体的人和事，如果是因为服务而遭到投诉，他们会及时向客人道歉。

他们之所以要用社群，是因为他们希望大家是因为共同的价值观、共同的爱好聚在一起，这里是平等的。大家可以在网上看到各种各样的评论，但从赫畅的角度来讲，他有百分之百的信心让黄太吉走得更远，因为他看到的评论与反馈，90%都是好的，都是点赞的。就算其中有1%的不好，只要用户提出了具体的投诉，他们就会对投诉一一进行处理。

黄太吉的社群营运证明了在互联网思潮影响下的产品到底是一个什么样的工具——产品已经变成了表达企业精神的一种工具，一个伟大的企业其产品是精神的延续。赫畅在煎饼、豆浆、油条、豆腐脑等这些最基础的平民早餐中赋予了它们不同的内容，赋予了它们一种企业的精神，而这些精神与内容通过社群营运得到了一个很好的传播，所以社群才是黄太吉最大的价值。黄太吉今天的品牌价值一半来自企业的员工，一半来自黄太吉的社群用户。

为什么世界上排名前十的公司都是来自美国、日本和韩国？为什么中国有阿里巴巴、百度、腾讯，却不能有自己的肯德基、麦当劳呢？为什么没有走向世界的超级传统品牌呢？也许就是因为中国的老一代人在创业时非常缺少做社群、做文化的能力。但今天中国新一代的创业者已经有了天时、地利、人和的优势，也许在未来的10年或20年里，新一代的消费者就能帮助中国企业成就无数个超级传统品牌。

4. 互联网思维怎样颠覆传统商业模式

2013年，有一部影片打动了许多企业家的心，即以俞敏洪、徐小平、王强创办“新东方”的故事为原型的电影《中国合伙人》。这部影片让许多心怀梦想的人为之落泪，新东方的光环也趋于顶点。就在新东方的员工疯狂地庆祝公司成立20周年时，新东方的董事长兼总裁俞敏洪却陷入了焦虑与痛苦之中，因为从2011年的下半年到2012年的上半年，新东方亏损了4亿元。除了内忧，还有外患，2013年，国内互联网三巨头百度、阿里巴巴和腾讯不约而同地以横扫一切的姿态，纷纷上线教育平台，他们采取了和新东方完全不一样的模式。

多年前，他扮演着颠覆者的角色；如今，在他功成名就之时，却发现自己俨然成了被颠覆的对象。其实这种现象在许多领域都在不断地上演着，多少牢不可破的行业格局正在发生在着巨大的改变。曾经排名世界第一的手机品牌诺基亚，赫赫有名的国美、苏宁、索尼……这些消费者认可的大品牌，几乎都是在一夜之间就褪去了光环。

在浩浩荡荡的互联网思潮之下，一方面是互联网以胜利者的姿态一路高歌猛进；另一方面是传统企业企图触网的慷慨悲歌，互联网思维在新的时代奏起了一场大变革、大转型的伟大交响乐。

在互联网的猛击之下，传统企业只有两条路可走：一是主动转型，二是被颠覆。许多具有前瞻性眼光的企业也开始布局，开始接触互联网，一路摸索着做电子商务、做新媒体营销，但似乎都没有起到什么效果。与此同时，传统企业向互联网转型引发了大量资本的关注，很多投资者认为，一旦传统企业转型成功，他们的市值就能得到很大的提升。

传统企业向互联网转型，拥有互联网思维是其制胜的关键。所以传统企业要成功转型，企业主就必须具备这种思维。

很多人都在想：如果传统企业与互联网企业进行终极PK，孰胜孰负？

支持互联网的人往往是“基因”论者，认为传统企业无法转型成功，因为他们缺少互联网基因；支持传统企业的人则是“资源”论者，认为传统企业在经营过程中积累的线下终端资源和行业经验，是互联网企业无法比拟的。

其实这两种看法都不正确，很多传统企业连传统商务这个自身根基都没有打好，就贸贸然地转型互联网，结果导致在转型过程中，低效环节被放大，难以应对互联网的打法，这和互联网本身无关。同时，也有许多的互联网企业，由于缺乏对传统企业的深刻理解，所以无法进入到传统商务中。

那些连本身根基都没有做好的传统企业，的确很难做好电子商务，而那些电子商务的先进入者却可以凭借对商务与互联网的双面掌握，迅速地占领制空权。譬如，京东之于苏宁，小米之于海尔、联想。

当传统企业全面吸收了新的商业思维后，那互联网企业与传统企业，鹿死谁手就不得而知了。不过，在互联网的“野蛮打法”之下，传统企业并没有充裕的时间去按部就班地将商务基础打牢，因为市场竞争不进则退。这一市场规则要求传统企业必须加快利用互联网思维的脚步去重塑企业经营的各个环节，进而全面对抗一大波涌进的互联网企业。

在这种思潮之下，互联网将成为商业社会的基础设施之一，无论是传统企业，还是互联网企业，谁能够充分理解这种全新的商务本质，并且较好地利用互联网工具和互联网思维去优化企业的各个方面，谁就能赢得这场残酷无比的商业竞争。

互联网思维并不是只有从事互联网的人才具备，许多互联网公司的人也不懂得这种思维。它其实就是一个时代的产物，是在“生产力决定生产关系，生产关系适应生产力”的历史发展规则下产生的，无论你来自哪里，都可以学习这种思维。

“以厂商为中心”的工业经济必将被“以消费者为中心”的信息经济所取代，所有的传统商业都会完成转型升级，进化为一种全新的商业物种。它融合了现代商业模式所有的优点，而来不及完成转型的企业，就必然会面临淘汰。

所以说，并不是互联网企业颠覆传统企业，也不是传统企业对互联网企业进行淘汰，而是新商业对旧商业进行淘汰。

未来商业的发展趋势是不会有互联网企业与传统企业之分的，而是所有的企业都会变成互联网企业。无论是哪个行业都会受到互联网思维的影响，不管是技术层面，还是思维层面。传统企业所要思考的不是去与互联网企业竞争市场，而是自身怎样利用互联网成功转型。

“兰亭集势”，这个名字想必许多喜欢逛网店的小伙伴们都没听过，不过也难怪，因为这是一个专门赚外国人钱并成功登陆纽约交易所的服务外贸公司。可以说，兰亭集势是一个另类，他成功利用中国优势大赚外国人的钱。

服装一直是中国的优势行业，国内也不乏生产婚纱礼服类产品的企业，而外贸企业更是数不胜数。从事婚纱礼服的外贸业务对于现如今的中国服装领域来说，无论如何也不会成为一件能够惊天动地的事。所以当兰亭集势成功将婚纱外贸业务登陆纽约交易所时，确实把从事相关行业的小伙伴们吓了一跳。

兰亭集势整合了供应链服务的在线B2C，是中国目前跨境电子商务平台的领军者，2013年6月成功登陆纽约交易所。它的竞争优势在于面向全球化市场为客户提供服装定制服务，客户可以根据自己的喜好在电商平台上进行个性化定制，完成订单后则交由苏州虎丘的一家工厂生产。虎丘是国内婚纱礼服的主要货源聚集地，占据了全国70%的市场份额。不过，这里一直都是以小作坊生产模式为主，所以，生产和管理水平都不是很高。兰亭集序为了达到外贸标准，专门从内部建立了一个专家团队，直接打入生产线，负责指导供应商改进生产效率以及提高产品质量，帮助他们在短时间内达到个性商品定制以及标准品批量生产的标准。

兰亭集势正是借助了对供应链的深度改造及整合利用，保证了优质稳定的货源供应，并且借助互联网电商平台的产品定制使用体验，使其婚纱产品迅速自成一派，拥有自己独特的魅力，从而盘热了整个婚纱外贸市场。

在互联网的时代，信息畅通无阻，那些靠市场信息不对称、靠价格垄断的企业已经没有了多大的生存空间，所以企业与消费者越来越多的诉求都需要用与工业时代不同的路径来解决，包括企业的营销理念、业务流程和内部管理体系都要依靠互联网思维进行变革和转变。

兰亭集势就是以互联网思维和方式去重新建构传统行业的流程和服务的。它从与用户之间的互动到产品的开发，再到商业模式和生态链等建设的各个层面都彻底贯彻了互联网的思维模式，而这必将破坏旧的商业游戏规则，对传统商业产生深远的影响。

5. 互联网思维核心：一切以用户为中心

互联网的产生使传统商界发生了一场惊天动地的大革命，使得信息生产和传播方式都发生了重大的改变。信息不再由小部分的人所制造，世界上的每个人都可以成为信息的原产地，信息传播方式从一点对多点变为了多点对多点。但更为关键的是，在整个信息传播和产生的过程中，信息已不是最为核心的部分，互联网的核心部分变为了“人”。

因为人是互联网时代的核心，所以，用户思维自然也成为互联网思维的核心，而其他思维，如平台思维、免费思维等，都是围绕这个思维展开的。用户思维是互联网思维的基石，没有用户思维就不会有其他的互联网思维。

一切以用户为中心，是现如今互联网企业的发展宗旨。“以用户为中心”的用户思维，不只体现在做品牌的层面上，还体现在市场定位、品牌规划、产品研发、生产销售等环节。

用户思维，即用户要什么你就给什么，用户什么时候要你就在什么时候给，而用户没想到的你都要先想到，这就是用户思维的意义。

“以用户为中心”与互联网思维一样，是近几年才冒出来的一种概念，很多传统品牌厂商早早就开始叫嚷着要“以客户为中心”，可为什么这个概念在互联网盛行的时代才变得尤为重要，才受到人们的关注呢？

互联网还没产生时，如果一个用户对购买的某一产品或服务不满意，往往会自认倒霉，提醒自己下次不要再去购买这一产品，或是提醒亲朋好友都不要去购买这一产品。但这种用户意见只是在小范围内传播，对厂家的影响不大，所以很多厂商就利用这种信息的封闭性，大搞“买的没有卖的精”的策略，算计消费者，期望能从消费者身上得到最大限度的利益，即使用户投诉也不会积极改进自身，而是能捂则捂。

但这种行为到了互联网时代就行不通了。互联网的特点就是开放、透明、共享，完全消除了信息的封闭性和不对称性，消费者可以从互联网中获取价格、产品、评价等方面的信息。互联网时代，万物之间直接、实时链接，让信息反馈与用户参与成本变低，而这个趋势还会继续下去，现代人的碎片化时间也让参与时长得以增加，而两者的累加效应就能让“消费者赋权”发挥真正的威力。

在选择产品和服务时，消费者一般都会参考查询该产品和服务的评价，然后再决定自己要不要选择这个产品和服务。这在互联网时代之前，是绝对不可能做到的，因为用户很难知道除了自己周边的人之外的使用情况，而互联网信息全面开放之后，共享的优势得以体现，用户足不出户就可以知道别人使用的情况。基于这种前提，消费者很愿意进行评价留言，一方面是为了自己，另一方面也是为了其他消费者。而这种方式不但能逼得商家提升自己的服务能力，也迫使一些不良商家退出市场。

在互联网时代，消费者如果对某个产品做出不满意评价，这个消息不会像在传统时代时只在小范围里传播，而是所有浏览这个商品的人都能知道。这对企业造成的影响非常大——有些买了该商品的人会要求退货，有意要买的人会选择放弃，这些问题处理不好就会造成企业破产。显然，互联网时代口碑异常重要，而商家对于这一点也是尤为重视，不少老板甚至每天都亲自盯着网上的评论。

在这个基础上，商家“以用户为中心”的服务宗旨才能得以真正的展现。从工业时代到互联网时代，消费者一直是所有经济活动的基础。所以，一个企业想要成功就必须学会倾听消费者的声音，而现在的互联网时代更是从厂商和销售霸权的时代进入了消费者主权的时代。

极路由在近几年发展得很好，极路由一开始也以为自己已经做到了极致，但其实差得还很远。极路由起初的价格偏高——269元，这让很多买家望而却步。后来极路由的“翻墙”插件因为种种原因无法使用，就将其价格调到了199元，一直到后来推出了新品才将价格定为99元。

极路由新品发布之后，效果不错，在当时造成了不小的轰动。就在极路由因为新策略名利双收时，由于当初没有考虑周全，老用户社区出现了很严重的问题，所有的老用户都在狂骂极路由公司，听到老用户的骂声后，团队马上进行了反思，并做出了有效应对。

极路由公司表示：因为他们在做这个决策的过程中没有把老用户考虑在内，对他们造成了伤害，所以他们连夜赶出了一封向老用户解释及道歉的信。并把决策的过程告知老用户，还把信放在社区、微博上分享以及道歉，另外，他们还向老用户做出了相应的补偿措施，风波这才慢慢地平息了。

这件事情让极路由的创始人丁衣认识到，现在的品牌已经不属于创业者——真正的品牌是属于用户的，创业者在其中只是担任了品牌管理者的角色，现在要想经营好一个品牌，就要“以用户为中心”，要以用户的利益为利益，以用户的意见为意见。厂商为王的时代早已经成为过去了。

极路由用互联网做硬件，将制造的过程向用户透明化，用户通过这种方式购买了极路由的产品就是对其产品的一种信任和认可。当一个品牌管理者做出了伤害用户的行为时，用户自然会提出反对的意见，而管理者这时候要做的就是消除用户的不满情绪，积极地去处理问题，这样才能让自己的品牌越走越远，越做越大。“以用户为中心”，每个企业在做各种决策时，这一点都是必须要遵守的，要学会去在意每一个用户对于产品的感受。

“以用户为中心，其他一切纷至而来”，这句话位列谷歌十大座右铭的第一条。很多人对谷歌的印象是“不作恶”，但“以用户为中心”才是它的立身之本。其实不单是谷歌，其他创业公司也必须以“一切以用户为中心”为立身之本。

很多创业失败的人都有一个通病，就是其创业的动力不是基于用户的需求，而是以个人的欲望为出发点。相反，那些创业成功的人都知道“以用户为中心”的重要性，虽然他们仍然会以利润和绩效作为考量的核心点，但这都是他们“以用户为中心”的结果。因为他们深刻地了解一点：“顾客决定了企业的定位，顾客只有认可并购买你的产品和服务，企业才能将经济资源转化为财富，使物品转化为利润。企业要生产哪些产品并不重要，重要的是顾客想买什么，什么才是他们所认知的价值，这才是一个企业、一个品牌成功的关键点。”

在工业经济时代，产品的生产、陈列和推送是最重要的，但在PC互联网时代，产品转换成了信息，生产环节也改变了，而到了移动互联网时代，没有产品也没有信息，只有人和人的时间，所有的产品和信息都必须围绕着用户转，产品和信息已经下降到从属的地位，而且还必须极力地讨好用户，改变自己去适应用户的要求。

互联网时代让消费者主权得以形成，而“一切以用户为中心”不单是一种概念，更是一种规则和命令，如果不去遵守这项规则，你所做的一切都是枉然，而且很快就会被淘汰。

创富案例

1. 万科怎样用“互联网思维”做商业地产

万科本是一个传统的房地产企业，但如今万科却有着天翻地覆的变化——万科地产推出的一套万科社区商业模式受到了市场的极大欢迎。万科社区商业与互联网已经有了初步的融合，林詹钦主导的万科社区商业与阿里巴巴淘点点线上的服务平台签约，通过网络客户端的搭建，实现了随时随地自助下单、付款，足不出社区就可以享受到餐饮半小时送到家、商店24小时营业的便利。另外，万科社区商业APP也在筹划上线中。

万科还将全面推出养老服务机构、儿童学校、门诊医疗、购物商场，等等。根据毛大庆的透露，万科已针对北京、香河、北戴河等地区的十余个项目做出了初步的决策，每个项目中都会配套一栋楼做多功能养老配套。今后万科还会持续留出自持部分的社区商业，根据万科自己的想法来打造，并将原来的承包商全部改成由自己的员工参加经营，初期由万科投入统一定价，支持员工自己创业，做成连锁品牌。

万科地产的这一改变就是源于互联网思维从好房子到好邻居的转变，大力推进社区商业，正是为了跟随客户不断变化的需求，增加客户的扁平化，增加住户的粘性度。

2013年下半年，万科集团的总裁郁亮亲自带队，拜访了阿里巴巴、腾讯、海尔、小米等知名企业，受到了外界的极大关注，也引发了不少的猜测。走访了一番互联网企业后，毛大庆表示，无论是小米还是腾讯，互联网的内在核心都是增加用户粘性。

具有“扁平”特征的互联网，启发了万科下一个十年必须有逻辑地转变的思考。在毛大庆看来，万科单一的传统地产的角色定位一定要根据市场的需求而作出调整。

以前的万科所注重的只是怎样盖好房子，而现在，万科是以房屋质量为上为基础，更多地去倡导“好服务”和“好邻居”这两个概念。

从万科的社区商业，到购物中心，足以看出万科将互联网思维的应用发挥到了极致。其社区商业的大力推进，正是由于跟上了客户需求变化的脚步，增加了用户的扁平化，增加了住宅的粘性度，早已形成不是靠“造房子”“卖房子”挣钱，而是靠“管房子”来赚钱的互联网模式。

万科全新模式的转变，使其在2013年以1709.4亿元的销售额成为行业老大，按照既定的增长速度，万科在2014年要突破2000亿元已经毫无悬念。从传统业务运营模式向互联网运营模式的转型，使万科走出了一条全新的发展道路。

“万科如果能更好地吸收互联网的思想，将这一工具运用得更加自如，万科就能更加适应这个时代，把产品做得更好，万科的转型也就更加成功。千万不要以规模扩张来衡量万科是不是胜利又或者是失败了。”郁亮说。他想利用互联网的方式经营传统企业，用新的工具在管理中取得更好的成效。

按照郁亮的设想，在互联网思维的推动之下，万科的运作将会变得更加透明化、扁平化，下一步还会探索是否要以合伙人制度代替职业经理人的制度。这一系列的变革措施 ，都使得万科更具有互联网思维下的变革先锋的理想。

万科一直在努力学习移动互联网，也将利用互联网思维来经营传统企业。“移动互联网时代，万科从组织架构再到业务开展，都在逐步地产生变化。用互联网来武装万科，将会使以万科为代表的传统企业获得更多的机会。”现在互联网发展如此迅速，传统企业必须调整自身的结构以适应新的发展潮流。

现如今，万科已经在利用互联网活动中所累积的大量社区用户，运用电商的手段去刺激社区的消费情况，万科在去年“双十一”时就正式推出了针对万科业主的“去哪儿”手机客户端，其功能还包括物业申请报修、曝光、投诉建议等，并且还能对周围的商家进行打分。

业内预测，未来5年万科的服务社区可能会迅速增加到500至600个，拥有100万住户，其带来的社区生活消费、金融消费前景将会非常广阔。

“跟小米、苹果等电商学习，我们学到了做生态系统，这对我们有很大的启发。我们的物业、社区等都非常符合生态系统的概念，未来的潜力不可预估。”“万科正处于学习的阶段，未来会不断地推出新的内容，例如会调整公司的组织架构，推出合伙人的概念正是我们目前思考的方向。”郁亮表示。

架构调整，拟推合伙人的制度，这种类似于职工持股与混合所有制的制度，在互联网时代被赋予了更新的意义，以合伙人的制度代替职业经理人的制度，就像是用互联网的开放系统代替旧有的封闭系统。让合伙人站在企业主人的高度，这就是企业开发性的体现。同时，这对企业本身来说，也是一个低成本的激励方式。

企业的发展不能仅以规模化的方式来衡量，还应该从企业接受新事物的态度上来衡量，获取互联网思维，运用互联网工具，去适应新的时代潮流，这才是传统企业转型的王道。

那么，怎样利用互联网去经营企业呢？万科运用了多种方式。

短信渠道，是以行业专业度为基础的新的整合营销方式。从专业的角度来看，目前房地产的专业度依旧很高，但这仅限于业内。利用行业的专业度，用互联网的方式去进行普及或互动，利用互联网用户较能接受的方式，去包装和推销自身的项目。万科熟悉各个媒体平台的作用，能依照每个平台的特点做有区别的营销推广方案，跨界整合资源。

社会化营销，万科利用社会化营销产品的应用来推广自身的项目，如微信、微博、QQ群等，与用户时刻保持有效的互动，不用外包网络公司维护。在线下营销道场的整合营销包装中，植入互联网元素，通过这种方式培养种子用户，并且善用老客户以及品牌粉丝客户进行口碑传播，针对互联网用户定期组织线下活动，但绝非是那种走过场的常规暖场活动。

万科利用一切互联网可利用的工具来打造自己的全新品牌。他们从战略上高度重视互联网，这个重视，不只是口头上说说，而是在各个环节都以互联网的方式去思考、去运营，提升互联网营销的必需性与强制性。通过互联网的方式，站在客户的角度，将之发展成用户，为之快速推出极致的手机产品概念。

事实上，万科已经在房地产行业中做到了领先。所以在互联网的领域，万科也可能成为这个行业的规则制定者，而这个规则就是利用互联网使用者的习惯，遵循属于互联网的社会规则，立足于传统行业产品的本质，使用互联网的新技术，用互联网的态度来创新改造房地产行业链的规则，快速地形成口碑的传播，达到符合互联网用户认同的颠覆性改造。当然，这种思维也不是一成不变的，互联网思维也会自我进化，与市场规则不一样，不符合其规则的，自然会成为商业圈的淘汰者。

2. 百雀羚揭秘：如何用互联网思维1天卖出380万元

百雀羚是1982年成立的一个国产老品牌，本已渐渐沉浸在繁花遍地的新护肤品的潮流中，但就在2013年一年的时间里，百雀羚却迅速地起死回生，以迅猛之势占领了护肤品销售排行榜的第一名，并且屡破纪录，让许多国外的护肤品大牌望尘莫及。

百雀羚的相关工作人员说，作为一个女人，即使是再好的护肤品，也只能让女人的外表光鲜亮丽，而真正的美丽，是由内而外散发出的一种自信。不过，自信这种说法毕竟太过于空泛，直接把品牌的理念灌输给消费者，难免会让人有一种说教之感，但如果把它转嫁到一个让消费者有好感的载体上，她们的接受度就会大得多。所以百雀羚就需要找一个代言人，但如果去找一个明星作代言人，还是会显得空泛，让人产生距离感。但利用互联网做事件营销的方法，却会大大不同。但是做事件营销就要先制造一个话题传播点，并且是让大家看了会觉得特别，主动去传播的一个话题。它最好是一件从未发生过的事情，一曝光就可以成为新闻事件，而且是造成强烈反响的事件。如百雀羚在2012年策划的“百万面膜送淘客”

的营销回馈活动，在其他商家都设置了10%佣金的时候，百雀羚却拿出了5000盒面膜，设置100%的佣金，利用互联网的免费思维去做这项活动。这个方法的推出，就等于是淘宝客推多少就赚多少，这立刻在淘宝客的圈子中炸开了锅，每天都有大量的淘宝客慕名前来要求加入推广，短短两个月的时间日成交额就从5000元拉升到6万元。

事件营销很快地拉开了序幕，2013年2月28日凌晨，百雀羚店铺的店招、首轮的轮播图、宝贝页等店铺最为显眼的地方都挂上了"选择百雀羚，美过黄永灵"的广告牌，站内挖的广告也同时投放，尤其是以钻展为主……"黄永灵"在一夜之间就铺天盖顶地在淘宝圈中蔓延开来，接下来每一天都有200万以上的浏览量，客服每天都会接到无数个消费者的电话询问黄永灵是谁。

这个时候，百雀羚选择了将关子卖到底，所有有关黄永灵是谁的问题，客服都不会回答，统一告知的答案是在3月8日那天揭晓，也有很多人去找百度名单，但最终也未找到他们想要的答案。这个时候一些好奇心无法满足的人，就开始变着法地自找答案，自然而然地也就成为了话题的传播者。

经过一两天的好奇心的积累，坊间的各种猜测就开始发酵了，有人猜测黄永灵是百雀羚新的代言人，也有人猜测她是内地版的《来自星星的你》的女主角，甚至还有人猜测她是店长正在追的一个女孩子……总之，各种奇葩的猜测纷至沓来。

与此同时，百雀羚还搜索那些比较有代表性的猜测，在微淘和帮派中开贴，让大家参与有奖竞猜，增加活动的互动性，同时把舆论搅乱，让黄永灵的身份愈发的扑朔迷离，活动的关注度也迅速得到提升。

3月6日，百雀羚淘宝店铺首页的轮播图开始以"撕纸"的形式一点点地揭开黄永灵的神秘面纱。图片上的3段"密语"暗示了她的外貌、民族习俗以及职业，并且每过4个小时就撕开一点，就像在开双色球时，号码一个一个地公布出来一样。观众的"窥视欲"也在此时被彻底地调动了起来。经过有步骤地反复牵引，观众显然是有了点追《来自星星的你》的大结局一样的感觉，迫切等待着黄永灵本尊的现身。

在3月7日那一天，更是涌进了一大批只追星不买东西的人，百雀羚的客服主管都说场面快控制不住了。客服的接单转化率跌得很惨，但越是这个时候越不能着急，因为百雀羚酿的这缸酒已经发酵得差不多了，是时候让黄永灵现出真身了。

经过前期的反复酝酿，百雀羚已经将黄永灵的高度推到了顶点，很多人都以为她会是个大人物。接下来，百雀羚就开始准备开闸放水，而这个水能不能成为瀑布，直接是由落差的大小决定的。

3月8日，黄永灵的身份正式被揭开，她既不是明星，也不是什么大美女，她只是百雀羚旗舰店的一名普通文案，而且她出身平凡，长相也一般。

围观多天的观众瞬间哗然，原来他们追了10天的“明星”，竟然只是一个普通人。这个落差非常大，百雀羚想要的瀑布形成了，但是瀑布虽壮观，控制不好反而会成为灾难。如果此时没有人把这个故事讲圆，让观众信服，那么后果可能不堪设想。

黄永灵是在2012年9月份进入百雀羚旗舰店担任文案工作的，当时的她性格非常内向，不爱说话，工作经验不足，资历也一般。而且她还曾经因为多次做的文案都不符合要求而有点自卑，甚至还产生了辞职的想法。但她坚持到了最后，现在的她极具自信。在一年不到的时间里，就从一个菜鸟成长为文案组的主管，工作能力出色，谈吐幽默自信，且极具自黑的勇气，是团队的开心果。虽然她长相普通，但是她那股由内而外的自信，却是最独特的一种美。在这里，百雀羚已经将黄永灵上升为所有普通但却有自信的女人的代表，而只要拥有自信，每个女人都可以是美女，是明星。

既然黄永灵不是明星，也不是什么大美女，那为何打出“选择百雀羚，美过黄永灵”的广告语呢？其实百雀羚所要传达的是，自信才是女人最好的护肤品，而百雀羚不止卖护肤品，更想将自信通过产品带给消费者。

其实很多女人的内心里都存在着一个明星梦，都渴望自己能够成为电视剧中的女主角，而这也是很多女人追偶像剧的原因。不过，梦想纵然再美好，在现实的反复摧残下，也会变成失望。在这个时候，如果自己亲眼见证了一个平凡的女孩，因为拥有了自信，而被人当作明星一样来宣传，就会让这些人觉得原来自己的梦想从未走远。

所以，即使到最后揭晓了黄永灵不过是普通女孩的身份，所造成的热度也有增无减。这个时候，百雀羚趁机让黄永灵来客串客服的工作。

3月8日当天，百雀羚挑了3个时间段，让黄永灵来当客服，当天的她就是全店的女主角，所以百雀羚将其包装成女人节里的“圣诞老人”，只要有幸被黄永灵接待，就会给对方送一份专属的小礼品。虽然黄永灵不是专业客服，但是当天她的接单转化率却达到了73%，让人惊叹不已。甚至有些粉丝为了要享受女主角的接待，整整等了一天的号。

同时店内还举行了“晒自信、送红包”的活动，只要买家当天将自拍的照片发给客服，并以“美过黄永灵”作为结束语，就能得到10元的优惠卷。

明星代言，只卖勇气，明星出来后，更要使之发挥最大的效益。百雀羚开通了一个类似“福袋”的神秘产品链接，将之取名为“勇气宝贝”，由黄永灵代言，产品不知为何物，价格也不便宜，敢不敢买，全靠消费者的自信和勇气。出乎意料的是，当天这个宝贝被疯狂抢购，一天之内卖出了3000件，成了一个爆款。

当天购买的包裹（上面有黄永灵的肖像卡）里都会放入一张黄永灵肖像卡的定制版化妆镜，让买家每天在照镜子时，都能够提醒自己要自信，而且里面还有一封黄永灵的亲笔信，让买家收到包裹的那一刻，可以同时收到黄永灵传达的自信。此外，还有一本黄永灵的“借你勇气卡”，鼓励买家去挑战那些以前想做却一直不敢做的事情。

尽管百雀羚在3·8妇女节当天并没有上聚划算，但其销量仍居类目第一，最终以380万元的销售额完美收官。显然黄永灵的号召力一点也不比明星差。但其成功的主要因素，还是手机淘宝的强大爆发力，无线端总共为百雀羚吸引了近10万的访客。

Chapter 2

互联网平台

面向14亿用户的万能钥匙

互联网的平台思维就是开放、共享、共赢，而互联网平台则是面向14亿用户的万能钥匙，所以，平台模式是最有可能成就产业巨头的。在全球排名前100的企业中，大概有60家企业的主要利润是来自平台商业化模式，例如苹果、谷歌等。

平台模式的精髓之处就是打造多主体共赢、互利的生态圈。将来的商业平台之争，也一定是生态圈与生态圈之间的竞争。如阿里、腾讯、百度三大互联网巨头，它们围绕搜索、电商、社交构筑了属于自己的强大产业生态，即使360这只强势黑马也很难撼动它们的地位。

究竟谁能在平台的激烈竞争中拔得头筹，要看谁能把握好消费者的需求，谁能设计出更加符合消费者喜好的平台。谁能将更有价值的多方需求抓在手中，谁的平台就更具竞争力，并能逐步发展成多方共赢的平台生态圈。

对于大部分创业者而言，想从平台上赚钱是非常困难的，除了需要超准的战略眼光，更需要顶住一切压力的勇气和毅力。马云在将阿里巴巴打造成功之前，所有人都认为他是个疯子。

实际上，平台就是某种功能和服务达到一定程度之后的衍生状态，有了极致的产品与体验后，要快速累积用户，有了庞大的用户群作平台的基础，那么盈利就是水到渠成的事了。说到底，平台战略就是人气战略，即有了人气就有了平台。

1. 网聚人的力量：利用互联网为平台，做传统生意

在今天，很多从事传统行业的人都认识到了一点：要么你被移动互联网改变，要么你自己主动改变。这种商业观点的大变革，实际上都是源于移动互联网对传统行业的颠覆。

传统工业是建立在分工与目标的基础上的，它最重要的一点就是管理，或者说是控制，利用人性中的弱点、生存时的必要条件，对组织内的人进行管理或控制。

传统工业组织基本是由高层做策略，中层负责控制，底层负责执行，这与古代的中央集权制没有什么分别。传统企业的弱点是反应慢，这一弱点不是因为传播速度慢造成的，而是因为决策的速度慢。它需要经历底层反馈、中层传导、高层决策这样一个流程后，然后再原路返回，先不论信息在传达的过程中会不会发生变异，单是高层做决策的速度就慢了很多。

而互联网恰恰与之相反，互联网的特点是无中心化，是一种网状的模型，没有决策中心。互联网是顺着态势发展而顺应地做出决定，反应速度无疑会比传统企业高出很多。而互联网企业组织内的人员要求相对来说也比较高，比如，出现了分工的模糊化，每个人的多角色协助等。

互联网对传统企业带来的冲击，不仅是营销渠道和品牌建设方式方面的改变，还有人与人之间的分工和协作方式的改变。也就是说，要利用互联网做传统生意，还必须要同步地完成升级和再造。

随着互联网的汹涌而起，现在的传统行业已经越来越难做，很多具有时代敏锐感的人，都纷纷将自己的企业向互联网方面转化，那么，究竟该如何利用互联网为平台去做传统生意呢？这一点想必是许多想要从事传统行业的人已经认识到但却不知道如何去做的一个共同点！

如何去网聚人的力量，利用现有的互联网平台去做传统生意呢？这有许多需要注意的类别。

第一类：在传统行业中搭建起一个全新的中介平台，即移动互联网在传统的、买卖信息严重不对称的生意模式中取得强势进军，从而搭建起一个全新的中介平台。传统生意之所以存在，通常是建立在对某种市场特权的垄断上的，又或是建立在买卖双方信息不对称的情况下的。而互联网的出现，急剧地改变了这种买卖双方信息不对称的局面，比如淘宝、天猫、携程等。严格地说，他们都是硬生生地挤进这种已经被传统模式垄断的市场中，进而成为传统生意的中介平台的。

比如“今夜特价酒店”，如果有人希望能就近找到一个既方便又便宜的酒店，就可以打开这个APP，通过LBS定位搜索周边都有什么酒店，这些酒店中有没有符合自己要求的，如果发现有合适的，用手机支付房费后就可以直接入住。在这个APP中，有很多四星和五星的酒店可供选择，但价格却和一些经济型的酒店差不多，这充分满足了消费者的需求，既不用到处找酒店，又可以找到一个既舒适又便宜的酒店入住。

这种销售模式一方面整合了酒店当天没有出售的尾房，另一方面又利用移动互联网技术网聚了特定的需求群体，从而消除了消费者与尾房库存之间的信息不对称，使之互相得益。

酒店一般都会存在着大量的尾房库存，尤其是在淡季，因此酒店对尾房的销售一直都存在着迫切的需求。但与此同时，有些四五星级的酒店宁愿把房空着，也不愿意放低价格来争取客源，因为他们认为低价销售会对酒店的形象产生影响。而“今夜特价酒店”的模式刚好符合了高端酒店的这些需求，它不是通过公开广告的方式进行特价的宣传，而是向主动寻找酒店的消费者提供酒店尾房的信息。这样酒店既能保护自己的品牌，又能为酒店增加更多的盈利。

第二类：为传统行业创造新价值。中介的历史，几乎与商业的历史一样长久且富有生命力。互联网再强大，也不可能把所有的中介都消灭掉。但是，互联网却可以成为中介最有力的助手，通过为中介带来价值，进而转变为给整个行业带来价值，最后借势成为行业内不可或缺的一环。

特别是在房地产这一行业中，中介已经成为了一种稳定的模式，比如我爱我家、链家地产等房地产中介大军。在这样的大军面前，一般人都不会纯粹地通过网络买房卖房，但在中介方面，他们始终都存在着有效结交更多潜在买家的刚需。

许多中介公司都在利用互联网上新起的房地产APP，去结交更多的潜在买家，比如搜房网、安居客等。一方面，中介可以通过分布于各个主要城市的本地化站点，不断地汇聚有买房需求和租房需求的客户流量；另一方面，中介可以利用搜房网的这种需求聚汇的影响力，兜售自己手中拥有的房源。

第三类：消费者赋权。移动互联网所做出的最大贡献，就是把生意的主导权逐渐转移到消费者的手中，使得许多传统行业的经营变得越来越困难。千人一面的消费者，突然变为个性鲜活，具有巨大影响力的群体，这让还拥有着“厂商为王”观念的传统行业的经营者难以接受。把当代消费者对企业的点评、质疑、传播的价值充分挖掘出来的互联网企业，往往可以给传统行业带来一些让人眼前一亮的玩法。

马蜂窝的主要功能是给旅行出发前的人提供搜索和发现服务，同时将旅行的主导权交到消费者手上，希望把由消费者主导的点评旅游攻略做到极致化。

马蜂窝采用了UGC模式，把用户提交的一手信息做成像孤独星球一样的精致手册，内容包括交通、美食、住宿、购物等方面，然后再将其发布到网站上让用户免费下载，提供一些旅行途中的方便，从而扩展整个行业的影响力。

马蜂窝还设立了分舵，在各地建立了一批对目的地非常熟悉、对旅行需求也非常了解的热心用户作为舵主，依靠这些舵主来维护和更新内容。而用户无需花费任何精力就可以看到各地最新、最准确的旅游攻略。

事实上，马蜂窝不仅可以为旅游者带来方便，还能在很大程度上激发他们旅行的欲望，而这就为很多与马蜂窝合作的旅游公司带来了很多潜在的客户。

传统的旅游业一般是在一些热闹的街头支个位置，向路过的行人介绍公司的旅游路线，或是坐在公司等待客户自己上门。这样获得的效果非常差。而随着互联网的发展，旅游公司除了可以建立自己的网站让消费者来报名外，还可以通过马蜂窝这个现有的平台去挖掘更多的潜在客户，而自己则可以省下更多的人力与物力，使公司获得更大的效益。

2. 怎样构建多方共赢的互联网平台生态圈

平台之争的最高阶段，是生态圈与生态圈之间的竞争。网络价值的最高级生态系统是商业生态系统，未来商场的竞争模式将会发生重大改变，不再是企业与企业之间的竞争，而是平台与平台之间的竞争，或是生态圈与生态圈之间的竞争。

平台模式的精髓在于打造一个多方共赢互利的生态圈。比如后起之秀小米，它也正在“软件+硬件+互联网”的“铁人三项”的指导下构建属于自己的平台和生态系统。

构建平台是经营互联网企业的一种战略选择，而构建平台生态圈更是一种大战略布局。从构建平台到发展成一个平台生态圈，需要一个循序渐进的过程。

平台生态圈不单单是建立起一个平台，更是以某个平台为基础，营造出“为支撑平台活动而提供众多服务”的大型系统。

不仅是互联网行业需要这样做，传统商业也需要这样做。比如万达广场就是一个平台生态圈，如果单单只是建设一片集住宅与购物中心为一体的楼盘，那万达只是一个平台。但是，万达除了提供平台外，还通过联合招商控制着入驻万达购物中心的商家的品质和品牌档次，为用户营造出一种较为高端的都市生态圈。提升平台定位的同时，也使得平台的另外一方——住户得到了最佳的生活体验。而且因为有了万达这个较为全面的平台，入驻万达的商家也可以得到较好的营业收益和经营体验。

随着信息技术的发展，平台生态圈正从实物的状态向虚拟状态转化。虽然如此，平台生态圈的本质并未改变，所有成功、完善的平台生态圈都是建立在“更好地满足当前时代的多方需求”的基础之上的。

谁能将当前时代利益的各方需求及发展趋势把握好，谁就能设计出更好的平台。谁能将更有价值的多方需求抓在手中，谁的平台就更有价值，并且能逐步发展成更有竞争力的平台生态圈。

罗马不是一天建成的，平台生态圈也一样，它所拥有的各种错综复杂的服务体系组成的大系统是其构建缓慢的因素。比如阿里巴巴、沃尔玛、万达等平台生态圈品牌。

那么，要如何建立平台生态圈呢?

第一，找到价值点，实现立足。要想建立一个平台，必须要把持住在繁杂的价值链中的共性环节，做到相对高效，为一个或更多的价值链提供更加庞大的价值。这是建立一个平台的基础点。

第二，建立核心优势，扩展平台。在平台基础上，建立起如技术、品牌、数据、用户等一系列的自己容易复制但别人很难超越的、边际成本极低或几乎是零成本的无形资产优势，这样才能增加平台的可扩展性。利用网络效应，将平台迅速做大，以实现更大更多的平台价值。

第三，衍生更多服务，构建生态圈。在原有的平台上，为价值链上的其他环节构建更多高效的辅助服务，增强平台的粘性以及竞争壁垒，最后方可形成平台生态圈。

第四，平台战略升级，巩固生态圈。平台生态系统的价值是随着产业的发展而变化的，将平台生态系统的功能向未来更具价值的环节进行战略性的转移和倾斜，才是增强平台生态圈可持续发展的关键点。巩固平台生态圈与巩固其他产业是一样的，需要对产业趋势保持时刻的关注，关心用户需求的变化，时时对生态圈进行优化。

现在的银行多如牛毛，民资银行要想在竞争激烈的市场中脱颖而出，就必须学会运用平台思维，构造属于自己的平台生态圈。

事实证明，在互联网的大时代，用户能够接受同类商品的能力非常有限，现在的市场已经形成强者越强、赢家通吃的局面，所以那些弱小者或后来者很难能长久地生存下去，更难有更好的发展。所以在产品同质化的趋势下，必须学会向平台进化，构建属于自己的平台生态圈，这才是立足市场的根本。

维持一个平台和建立一个平台同样重要，因为如果一个平台消失，用户就会丧失早已在平台基础上建立起的整合服务体验，这在短时间内根本不可能重新建立起来，从这个意义上讲，平台的不可替代性远远超过了单个产品。

平台的第一个要义是上下线整合。例如，这么多的银行消失了一家，用户可以马上换另一家，并不会构成什么损失。但是如果银联消失了，就会造成人们生活上的诸多不便。因为银联的一端包含着所有的商业银行，而另一端是海量的线下商户，而且只此一家，所以说，银联的平台根基难以撼动。现在杀入金融业的互联网企业大都是身经百战，并且拥有厚实的基础，而这足以引起银行家们的重视。

就以余额宝为例，它是一个拥有上下游庞大用户和货币资金整合能力的平台，而这些独特的优势银行却不具备，所以在协议存款的价格谈判中，各大银行毫无优势可言。

平台的第二个要义是“去中介化”。信息的扁平化已是不可逆转的大趋势，金融领域也一样，要想跟上这种趋势，就要站在客户的立场上去思考，以消除信息不对称、促进金融效率为宗旨，最大程度地帮助用户减少一些不必要的环节，只挣该挣的钱，这样才能将自己的平台做大，从而发展成平台生态圈。而只有尊重平台的扁平化趋势，主动进攻，才能取得平台先机。在众多的银行中，招商银行一马当先，取得了不错的效果。

截止至2011年4月末，招商银行的手机银行用户量已经突破了百万，交易数同比翻了4倍，交易金额则翻了5倍。面对如此佳绩，招商银行总行零售银行部副总经理胡滔并不意外，其实在招商银行对客户的定位中，iPhone版手机银行与招商的客户群体是高度契合的。而招商银行现阶段的目标就是使自己的手机银行软件成为手机用户最常用的10个软件之一。

招商银行现在也正在逐步建立属于自己的生态圈，它的“移动银行”终端在不断地涌入新的成员，2011年4月份，Angel体验版已经成功上线，Windows Mobile、Java等主流终端也正在研发当中。

在2011年1月份刚刚发布的客户终端1.1版本中，招商银行又新增了“CMB STORE”的功能项目，以及“99元秒杀iPad、千元油卡1元秒杀”等一系列的优惠活动，同时还提供机票订购服务。

招商银行显然已经意识到，单有平台是远远不够的，如何提高用户粘度、发掘客户价值所在、建立起更大的平台生态圈才是最重要的。

招商银行的目标是成为1/10：与网银相区别，手机银行的界面有限，iPhone用户最多也就下载100个左右的软件，要想最大限度地让客户把招商手机银行的图标留住，就要完善客户的体验性，并进行更准确的客户定位。

当然，要增加客户的粘性，发展平台生态圈，招商银行先天的零售优势也不能忽视。招商银行拥有庞大的持卡量，而这个既有的客户优势是其他银行一时无法追赶上的，所以商家选择合作的关键就在于招商这个平台能秒杀多少商品。

招商银行不断地推出新的价值链，如推出免费的金融咨询服务，这项服务非招商银行的客户也可以使用，并且将手机银行与理财进行捆绑，通过互动进行客户营销也是招商银行正在推行的计划。

3. 互联网思维的开放平台与致富宝典

以平台的方式赚钱是互联网时代所有创业者的梦想，然而梦想毕竟只是梦想，能做到的少之又少。说到这方面，苹果公司可以说是最极致的，它集齐了功能、服务、平台三方面的钱，手机卖的价格也不低，利润超过所有的国产手机。而且苹果手机的ITUNES等软件是属于服务层面的，牢牢地与手机绑定在了一起；而APP STORE则构建了更加完美的平台，平台又反过来提升了服务的质量，也强化了产品的功能。

随着新科技的日新月异，功能总在不断地被超越，服务也被越来越多的人所模仿，但平台却是很难打造的，一旦打造成功，就是一片难以撼动的基业。

对于大部分创业者而言，以平台赚钱并不是一件容易的事——除了需要超准的战略眼光，还需要面对各种困难和质疑的勇气。

通过互联网的平台赚钱，平台所具有的开放性让很多创业者都实现了这个梦想。

现在的商场虽然一直在强调互联网思维，也在说互联网思维要革所有传统产业的命，但实际上，这根本不可能——术业有专攻，即使有小米手机这样的成功案例，也无法让互联网企业真正地一统天下。

为什么？原因很简单，手机早就发展成了模块化生产，就连山寨作坊都能在一夜之间搞出一个新品牌，更何况是拥有数十亿美金投资以及强大的软件研发能力的小米公司呢？但金融、汽车等专业性较强的行业，互联网一时之间是无法撼动的。尽管如此，互联网对传统行业造成的影响和改革也是不容忽略的。

互联网企业所具有的开放性、创新性、高效率是多数的传统行业所不具备的，所以互联网需要具备开放的平台，让传统行业能在这些开放平台中完成升级，从而让双方都获取更多的利润。互联网的开放平台有很多种方式，如中间件公司、投资、传统行业跨界合作、传统产业自我革命等都是可行的方式。当然，前提是要操作得好。

中间件公司，能够让互联网企业帮助传统产业优化自身的组织结构，完成企业产品的网络移动化，策划一些贴近用户的营销传播以及收集用户的反馈。这样的中间件公司现在已经大量涌现，并且发展得很好，形成了一股浪潮。这其中也包括了一些基于互联网、移动互联网的培训机构、应用开发公司、公关咨询公司等与互联网开放平台相关的产业。

现在很多互联网企业在某些方面还不具备专业的投资能力，所以，需要通过投资传统企业，将互联网思维灌输给他们，对其组织架构、产品的研发模式、营销模式等进行全面的改革。互联网企业投资地图、基金、家电、物流等都是很好的互联网开放模式。反之，传统行业也可以利用互联网的开放平台去完成自己的改变，如苏宁电器。

传统企业与互联网企业的跨界合作不失为一种好的解决方案，传统企业通过与互联网企业的合作，可以充分地利用用户、营销资源，同时学习和借鉴互联网企业的组织架构、产品研发、营销管理，以大幅提升传统企业的运行效率。目前，有很多跨界合作成功的案例，比如基金公司和互联网公司合作改革金融产业、家电企业与互联网公司合作优化智能家居等。

传统产业自我革命，其实是一种风险很大，堪称是“壮士断腕”的策略。怎样自我变革，应对挑战？这就需要企业自上而下地推动，与当年企业上ERP一样，需要领导者有决心、有魄力，并坚持不懈。因为这个过程不仅会造成营收的减少，招致股东的反感，还会导致人事变动而带来的各种舆论压力。ERP是企业信息流、资金流与物流的信息化变革，而互联网思维的全面变革则是企业组织架构、思维方式、研发模式、盈利模式、营销模式的改变。

互联网平台的开放模式可以让企业与用户面对面地交流，让企业的产品研发更加贴近用户，快速迭代、优化其功能、提升产品的质量。但这些产品的创新与优化，不是一蹴而就的，需要企业自身具有超强的核心技术，不是每个企业都能像苹果公司那样，做到功能、平台、服务都赚钱。

社交网络，可以让分散在世界各地的人都聚集在一起，而在这个虚拟的世界里，信息能被无阻碍地传递出去。用户可以根据别人的评论和感受去选择自己需要的产品，企业也可以利用这种社交网络平台提升自己的销量。当然，社交网络所带来的远不止这些。

便利店一般都具有便捷、24小时营业等优势服务特点，但因为受到地域限制、服务半径小，往往具有本地属性的局限，而正是这个局限让很多便利店都得不到较大的发展。但有一家便利店却打破了这种局限。

2014年3月，豆蔻年华同时上线运营网上商城和微信商城，通过与腾讯微生活的联手合作，使更多的用户知道豆蔻年华便利店里不仅可以买到美味可口的早午餐，还可以通过PC端和移动端为消费者提供更加方便快捷的服务。豆蔻年华很好地利用了腾讯这个大平台，线上生意非常火爆，销售额得到大幅度提升。

那么，豆蔻年华利用腾讯平台进行了哪些操作呢？第一，价格问题。网上比价非常方便，网店销售的商品价格通常也都比实体门店的价格便宜许多，而且便利店的商品价格本身就比超市高，更不必说与线上各大网站之间进行激烈的价格战了。但豆蔻年华的关注点和突破点并非价格问题，而是服务问题。豆蔻年华对用户急需的商品，从用户下单到用户收货整个过程只需要30分钟，而需要这样服务的人对价格的敏感度一般都相对较低，他们需要的是便捷的服务，不必花大量的时间跑到门店排队买所需商品。同时豆蔻年华在商品选择上也做了设置，不属于急需的商品基本都不在配送范围内。

第二，物流配送。如何在30分钟之内将订单送达（尤其是在北京这样交通拥堵的大都市）？这成了很大的一个难题。豆蔻年华选择在半径2千米的范围内建立物流配送点，这样在10~15分钟内就可直接将货物送达。在北京五环内建立50~60个门店以及物流配送点就可以将整个北京城区覆盖。

第三，网站库存与门店库存的实时对接。由于豆蔻年华以销售日配商品为主要经营项目，而现代人对商品的保质期极其看重，所以门店积压的库存不能过大，然而由于门店和网站同时在做销售，库存不多又容易造成缺货现象而形成订单损失、用户流失的问题。这两个矛盾点让库存对接变得尤为重要，豆蔻年华基本上做到了每2分钟就同步更新一次库存，最大限度地提升网站客户的体验。如果出现缺货的问题，网站商城和微信商城也会在第一时间提示用户，以避免出现用户下单后再被通知因缺货无法配送的问题。

4. 善用现有的平台：平台与否，顺势而为

平台不是一天就可以建成的，一个成功的平台生态圈更是日积月累的结果，同时还需要各个方面的配合。成功的平台我们可以看到很多，而失败的平台我们却看不到。如早已销声匿迹的电商平台8848、服装平台PPG等，它们都只是昙花一现，还未来得及开放，便草草收场。可见成功的可持久的平台如凤毛麟角。

百度创办于2001年，阿里巴巴和腾讯更早。在那个年代，有几个中国人听说过互联网？更别说利用互联网进行沟通或商业宣传了。ABT们在初创业时，承受着互联网各种风险的洗礼，耗费巨资，经历了十几年的时间才建立起了如此庞大的平台生态圈。

如果只是考虑到互联网自身产业的发展，才造成了这些平台成长周期过长的话，那看看近两年迅猛发展的微信又如何？微信有腾讯这个庞大的平台帝国做基础，可谓是占尽了天时地利人和的先机，但尽管如此，也需要经历几年的时间，不断地进行创新和升级，同时还面临着陌陌、米聊等强大的竞争对手。微信一路上过五关斩六将，才形成了今天的局面，而将来它是否还能继续屹立不倒，现在还不得而知。

对创业者来说，想要做好一个平台，现阶段面临着很多的困难。创业者面临着阿里、腾讯等巨头，要找到自身的立足点是非常困难的，既然这样，创业者还不如去思考怎样利用这些平台帝国帮助自己成功创业。

创业者不能一开始就想着要做一个什么样的平台，所有的平台企业都是从一个个小小的需求满足点出发的，先解决一小部分人的需求，再去解决一大部分人的需求，让自己成为领域内的专家和权威，成为这个领域内最好的企业。然后才能在慢慢发展的过程中，发现自己客户的需求量越来越大，使用自己产品的人也越来越多，并通过自己的产品解决他们生活中存在的一些小问题。这个时候你的平台就慢慢构成了。在这个过程中，要

不断扩展体验的极致追求，这样才有可能形成一个平台型企业。

所以，创业者在实力不足时，先不要着急去建立平台，而应该先去研究各个平台，研究用户的各种需求。在现有平台的基础上去个性化地满足用户的需求，在不断优化服务并赢得更多用户信任的过程中，获得更加充裕的现金流。创业者通过不断地培养和磨练自己的团队，更加深入地认识到用户的需求时，再开展建立平台的事。

北京醋溜公司就是一个善用现有平台的典范。

这家公司是由一名和君商学院的学生创立的，它先是从和君咨询处获得了5万元的天使投资金，在经历了漫长的7年创业之路后，在2012年成为了腾讯的金牌合作伙伴，更在前不久获得了千万元的风险投资。

醋溜公司旗下有一个名为“欢乐淘”的产品，是一款专注于女性用品的导购类应用，现在在腾讯开放平台上的日活跃用户就高达80万，而新上线不久的两款欢乐淘，在IOS和安卓平台上的点击量也超过了几百万。

醋溜将欢乐淘定位在为年轻人提供时尚、文化、娱乐等各个领域的互联网应用产品和内容服务，与之前市场流行的“第一代导购类先驱”有着明显的区别，其产品模式只有十个。“限量推荐”服务是其在开发过程中被反复试验的一种新型模式。比如用户在腾讯平台上天天分享的十张图、十个笑话、十件糗事等，都是由醋溜公司开发而成的。

醋溜在研究中发现，浏览用户中18~24岁之间的女性占总浏览量的70%~80%，于是，欢乐淘将三四线城市的年轻女性和大学生群体作为主力推广的目标。因为他们发现这两个群体对商品的价格都较为敏感，属于QQ空间上活跃程度最高的用户，所以选择去QQ空间的开放平台上开发应用，一举获得了巨大的流量。

醋溜公司将“善用现有平台”的理念贯彻得非常好，它利用腾讯平台去逐步摸索自己的平台，同时在这个平台上获得了更加充裕的资金流。

创业应该顺势而为，做平台也是一样。对于创业者来说，面临着BAT巨大平台生态圈包围的现实情况，是不幸，同时也是机遇。正是它们的迅猛发展所带动起来的互联网潮流，成为创业者、传统企业可以倚靠或借势而为的强大背景。先借平台之势，善用平台的便利，成就自己的事业。待具备实力时，再复制和升级借用的平台，成就自己更大的事业。

现在也有很多传统企业因为拥有坚实的背景，所以也想做自己的企业平台，但即使是这样的企业，做平台也一定要慎重。

在互联网浪潮之下，许多传统企业花费巨额资金去开发企业APP，也不管其中可以放置什么内容，反正是先放了再说。完全不明白自己为什么要开发APP业务？开发之后流量从何而来？用户粘性又怎么提高？活跃度又怎样提升？

有些企业做了APP，让用户去应用商店搜索，再输入密码，然后再让用户等待，然后才可以下载，估计很少有用户愿意去做如此麻烦的事情。而且像这样的APP在没有Wi-Fi的环境下根本无法实现，如果再加上用户体验不够好，那么这项APP可以说就完全失败了。

所以，传统企业在转型互联网时，在现有的平台上做好内容也是个非常不错的选择。对于多数企业来说，如果想要在移动互联网中布局，首先要想的不是去做一个APP，而是先去琢磨一下怎么利用好微信这样的已经聚集了大用户的现有平台。做了APP也不一定就代表着已经进入了移动互联网，因为在现阶段许多传统企业根本没有多少机会与用户实现互动。

同理，传统企业在考虑发展网络渠道时，也不要总想着要建立一个自己的官方网络商城，在你的商品还不够强势时，可以适当地借用现有的平台来发展自己的平台。反之，光是引导流量就要花费大笔的资金。利用当前发展成熟的各类电商，是刚刚触网的传统企业一个很好的选择。

5. 平台是互联网时代的驱动力

互联网的驱动力不是规模经济和范围经济，也不是将其做到最大最强，而是平台。

2013年12月，阿里集团与海尔战略合作，张瑞敏提出了三个概念——“企业平台化、用户个性化、员工创客化”。企业平台化指的是商业模式层面，就商业模式而言，平台模式在现今的商场大行其道。在全球500强的前100名里，有60%都是平台型。

那究竟什么是平台？平台是指在平等的基础上，由多主体共同建立的、资源共享的、能够实现多方共赢的、全面开放的一种新的商业生态系统。

其实这里面强调了五个关键点：共建、共享、共赢、开放和平等。

什么是共建？共建有三个关键点：

第一，多主体。平台的组织构架或系统集成必须是由多主体参与的，单一的主体根本不可能构筑起平台，每个主体都能构成一股能量，这个能量的聚集能力就是平台的竞争力所在。

第二，自组织。平台是一个开放的集体建设的自组织生态系统，有时并不是参与者自己有意识地参与，而是无意识地参与。

第三，共建机制。其中最重要的一点就是开放的共建平台。回顾手机行业的发展史，诺基亚之所以会快速地衰退，是因为它失去了一个平等的安卓系统的智能平台。

什么是共享？共享指的是对于生产资料、资产以及资本三方面的共同开发和使用。它有两个方面的特点：

第一，互动性。无论从互联网的哪个方面来看，共享一定是双向的，所以只有互动才能创造价值。像我们所使用的微信、QQ等，如果没有双向互动，那么这个软件就没有意义，从而也就没有价值。

第二，共用平台。互联网中有一个词汇叫开源代码，它是一种共享机制，是一条能够通过互相协作孕育重大创新的途径。实际上，它就是来源于共用平台。另一种共用平台指的是云计算、云存储等。这种平台未来会像电网和通信一样成为人类生活中必不可少的一部分。

什么是共赢？共赢就是平台企业如果想要盈利，平台生态圈就要达到一定的规模，必须要吸引主体参与者，所以共赢必须成为一个前提。平台模式下的共赢需要认识多边形的特征，单边是无法成立的。搭建平台的工作定义就是双边或多边的共赢。

什么是开放？平台不一定需要依托互联网，但互联网却是最佳的平台，与互联网相结合可以最大程度地吸引参与主体。所以无论如何，想要搭建一个平台就必须开放，越开放就越能吸引参与主体，也就越有价值。

什么是平等？开放平台必须是一个平等的平台，平等是互联网最基本的原则，也是平台商和平台合作者都必须要遵循的契约精神。在产品开发、市场推广、客户服务方面，双方都需要平等协商、沟通解决，不能有“老大”思想或是“我的地盘我做主”的思想。

在人们的认知里，烧烤就是在马路边上，一瓶啤酒、几串烤串。那么互联网与烧烤能扯上关系吗？网上能卖烧烤吗？虽然互联网这个平台看似不太适合烧烤这个行业，但偏偏有人打破了人们的这个传统认知，并且将之做得风生水起。

网上有一家名叫“原始烧烤”的烧烤店生意非常火爆。2012年“原始烧烤”的销售额达到280万元，2013年则达到了800万元。这家烧烤店的创始人叫李烨，他是国内第一个尝试利用互联网平台打通线上线下烧烤生意的人，现如今他的业务范围已经扩展到7个城市，风投估值达到了3000万元。那么，为何他能做得如此成功呢？这也是一个利用互联网思维创富的典型案例。

用互联网思维做传统行业的“烧烤”，线上预订烧烤食材，线下送货，并且提供烤炉、烧烤师等与烧烤有关的一系列服务，这在抄袭已蔚然成风的互联网创业中找不到第二个例子。

李烨说：“懂互联网的人不一定懂烧烤，会烧烤的人不一定懂互联网。”所以他一直在想，怎么把烧烤与他所学的专业相结合？2008年互联网的兴起，让他看到了机遇。2008年11月7日，他在淘宝开店，并将“烧烤铺”移师到上海，当时的线上线下还只是概念，他的烧烤铺更是无人关注，一直到2009年2月份他才接到第一笔订单——一位名叫“紫色天色8”的网友，拍下了一笔价值278.5元的订单。

在很多人的印象中，烧烤的形象无论如何都无法与高端商场融为一体，但李烨不这么认为，他想把O2O模式的烧烤店开在商场中。他认为中式烧烤也能与韩式烤炭一样登入大雅之堂，目前他已经获得一项专利技术，用木炭烧烤的前提下，可在任何密封环境中，将油烟净化率控制到92%以上。

其实从开淘宝店的那天起，李烨就一直将中式烧烤“标准化运作”当作追求的目标，在食材的供应链上，他的攻势有一套标准化流程：发货前8小时对食材进行加工，放入速冻柜，收货前2小时才开始分拣，保证食品的安全性。

李烨成功地利用了互联网这个平台，让更多的人加入到他的这个平台之中，在方便客户的同时，也让自己盈利，所以才能受到消费者的欢迎。淘宝店铺的评论服务，可以让李烨更好地与客户进行互动，对于客户提出的意见和建议，李烨也可以第一时间去改进，这让他的O2O模式运作得更加完善。

“原始烧烤”独特的商业模式，能将淘宝这个平台中拥有的庞大流量转化为自己店内的客户，使之得到有效的推广。

如果我们反过来看，“原始烧烤”只是一家路边摊，那么消费者还会注意到它吗？也不可能有3000万的估值。李烨正是通过利用互联网开放的资源平台以及良好的互动性，让“原始烧烤”摆脱了人们认为中式烧烤只是路边摊的模式，打破了人们的固有认知。

平台是互联网时代的驱动力，也是传统行业的驱动力，将互联网共建中的多体性、自组织、共建机制等相关的互联网思维知识融入到传统行业中，传统行业就能成为互联网平台企业。

创富案例

1. 途牛怎样用互联网思维改变传统旅行社

之前网上流传过一段关于移动互联网与旅游的美好畅想：旅游者出行前无需做出一套细致繁琐的行程规划，可以在旅行途中因为某个旅游灵感的获得，而马上拿起证件、手机、背包等即刻动身，机票也可在去机场的途中订好。抵达目的地后还可以用手机订购打折门票，去往景点的途中可以用打车APP，可以按照手机中的旅游攻略去品尝美食，还可以用手机根据位置、星级、价格、酒店风格查找一些性价比较高的酒店，并提前预订好。

互联网早已成为个人和世界连接的节点，每个想要旅游的人都可以通过互联网完成一场说走就走的旅行。因为在传统的旅游业，旅行的行程规划、交通、门票、酒店预订等都是由专业人士——旅行社的计调员来完成的。而现在的互联网时代，每个旅游者都可以成为自己的计调。自由行的旅游方式给传统的旅行社带来很大的冲击。现在的旅游趋势是移动互联网发展得越快，旅游散客户趋势也就越快。

在这种趋势下，旅游业者要重新定义自己的产品和服务，所以现在有很多旅行社开始利用互联网思维，加入互联网的平台来做传统旅游业。他们从顶层开始改变旅行社发展的司令部，围绕着旅游资源来做自己的产品设计，围绕着精准用户来做自己的产品，一切以用户体验为先。

近日，中国在线旅游度假网站途牛旅游网已经在美国成功上市，成为美股市场上第四支中国在线旅游类公司。

成立于2006年的途牛网，一直专注于在线休闲旅游领域，希望将自己打造成这一领域的顶尖。其实它从一开始就走了一条与其他旅游公司不同的道路。数据显示，2013年，在线旅游度假和团游细分市场交易规模约为

122.9亿元，是在线旅游市场板块中增长速度最快的，这其中，途牛网以17.6%的大份额位居榜首，携程和悠哉则分别以14.1%与5.9%位列亚季军。这个数据表明，途牛网已经在细分领域做到了顶尖，保持着远高于其他同行的增长速度。

尽管外界常拿携程、艺龙、去哪儿与途牛在各种数据中进行比较（途牛与它们都属于OTA行业），但途牛却与这三家企业在商业模式方面有着本质的不同——携程、艺龙、去哪儿更偏向于做线下旅游的线上代理，而途牛的本质仍然是一家传统意义的旅行社，所销售的产品仍然是真正传统意义上的旅游产品，而不是与旅行相关的酒店、机票等单一产品。而且途牛更加注重线上平台与线下业务的直接关联，而不仅仅只是做代理那么简单。

大部分OTA的跟团旅游是将供应商的旅游产品放到自己的平台上进行销售，以赚取佣金。但途牛的做法不同，它是从供应商处采购旅游产品，然后重新将旅游产品进行组合和包装，再进行销售。途牛拥有自主定价权，所获取的利益就是其中的差价。同时，途牛是直接与用户签约，而不是通过第三方，所以途牛对旅客的旅游过程比携程等担负着更多的责任。携程的商业模式是将线上产品引向线下，而途牛的商业模式则是侧重于将线下产品引到线上，这是完全相反的两个方面。

所以说，途牛更像是一家在网络上开展业务的传统旅行社，这也是其招股书上的数据计算方式与其他OTA不同的业务基础。另外，从途牛递交给美国证券交易所的招股说明书上也可以看到，途牛网有1400名员工。而在这1400名员工中，研发团队和旅游顾问人员占了很大的比例。途牛拥有400个旅游顾问、15个线下服务中心，这完全可以与线下传统旅行社的服务团队相媲美，而这也正是途牛的业务模式所要求的。

有业内人士分析认为，在这种商业模式下，途牛网真正的对手其实并不是携程、艺龙、去哪儿这些线上旅游网，而是中青旅、众信旅游等由传统模式起家的线下旅游服务机构，在细分的在线旅游领域与它们争夺市场份额，将线下市场引到线上平台，利用互联网的平台进行优化，再将其提供给消费者，这才是途牛未来的发展方向。

2014年以来，途牛网开始追求新的互联网经营模式。唯品会成功地让“库存”成了香馍馍，而途牛认为，由于旅游行业的产品具有时效性的特征，所以比实体店的商品更需要类似于“唯品会”这样的平台。旅游业产品的时效性特征，是业内普遍存在的控位而造成的“库存”压力。如果能打造出一个与“唯品会”类似的平台，就可以让供应商及时回笼资金，并且可以扩大产品的规模。

途牛网针对这一特性研发出了途牛特卖频道，让旅游产品以价格优势吸引针对性客源，开辟出了旅游业的一片新天地——途牛特卖频道可以通过高效转化，帮助供应商实现“秒杀”的库存清空速度，从而达到途牛与旅游业的全方面共赢。

途牛特卖频道自2014年4月11日上线试营运以来，受到了全国各地供应商的热烈欢迎。截止到5月20日，途牛已成功地与数百家旅游产品供应商联手合作，推出了近百款的旅游特卖产品，其极高的价格优势使产品以100%的高效率售卖，获得了合作商与消费者的一致好评。负责营销的途牛旅游网副总裁陈福炜表示：“希望以远远超过同行的流量优势、高效的上线速度、大范围的品牌覆盖效果以及专业的特卖产品上线系统将途牛特卖频道打造成行业内最具竞争力、售卖率最高的特卖平台。”

那么，途牛特卖频道是怎样成功实现“秒杀”，以达到快速清除库存目的的呢？目前，途牛通过网站首页的一级入口与站外引流，就能让特卖频道的关注度及产品售卖率得到直接保证。与同行其他特卖的“点缀”功效不同，途牛将大笔的资金、最大的人力与最好的技术支持投进了特卖频道中，流量从途牛首页以及站外直接引进频道，每一款特卖产品的日均曝光率都比分类页面的常规产品高出了20倍以上，直接保证了产品的最佳眼球效果和销售效果。

2014年4月25日，途牛频道推出了“普吉岛4晚6日自助游”爆款产品，仅仅1分钟就卖出了近200个位置。这款产品当日的流量比常规产品高出了25倍，而从预热到特卖，整个活动期的总流量比常规产品高出了数十倍。

在特卖产品高效快速的售卖秘籍中，有一款是提前预告。特卖的“尾货”产品仅仅在“途牛旅游”APP客户端有销售，属于途牛APP用户专享的福利。在特卖产品上线以前，途牛会提前一段时间通过微博、微信等渠道进行多方面的推广，为特卖产品做好十全的准备。通过预告活动，产品在上线前就完成了对用户的消费预约，增强了特卖产品的售卖率，同时也缩短了售卖完成的时间。

时效性是旅游产品最关键的因素，有些供应商在临近出游团期位置售卖压力相对较大，他们最需要的就是一个能及时上线和能够出售库存“尾单”产品的平台。而途牛就是供应商们所需要的这个平台，截止到目前，途牛是国内首家能做到特卖产品及时上线，拥有独立特卖运营团队的在线旅游商。

途牛拥有独立的运营团队，洽谈合作、产品上线售卖及金额结算等各个方面都有专门的人负责。在途牛自主研发出的N-booking系统中就有专门为特卖频道设计的产品上线入口，供应商完全可以自主上线产品、自主定价，而途牛特卖频道的团队在4小时内就能保证完成审核，以确保供应商的产品能及时上线。

与唯品会相同的是，途牛产品的核心竞争力就在于拥有绝对优势的价格，目标人群为对价格相对敏感的消费群体。陈福炜表示：“具有绝对价格优势的旅游产品在途牛上的售卖率达到了100%，有些产品更是达到了1秒不到即售出1个席位的速度。”

令供应商十分困扰的“库存”，在途牛特卖频道上以几近秒杀的速度售尽，这让途牛受到了众多供应商的高度肯定。途牛特卖频道的成功之处就在于利用自身的平台，为供应商们解了积压产品的燃眉之急。

2. 顺和酒行：如何运用互联网思维在小城市卖酒

临沂顺和酒行发展至今已经有6年的历史。6年的时间在酒行业根本算不上什么老兵，但就是这个酒行业的新兵蛋子，却敢在茅台、五粮液纷纷关闭多处门店的情况下逆势在全国各地增加门店。

顺和酒行是在临沂这个二三线城市起家的，现在已经拥有60多家门店，还在齐鲁股权托管中心成功挂牌上市，成为山东第一家上市的酒企业。这多少有点让人感到吃惊，更何况，这其中有不少店面是在这一两年酒行开始下行时发展起来的。

在当前的经济形势下，敢逆势扩张的酒类企业并不多，更何况是顺和酒行这种非大型的酒企业，因为它们大多都面临着盈利的问题。在前几年，这些酒类连锁店更多的作用在于形象展示，它们的利润主要来自于看不见的团购。限制三公消费的政策一落地，团购的销售量也随之下降，许多连锁店也因此纷纷倒闭关店。

团购没了，那要到何处去寻找销量呢？顺和酒行的创始人马龙刚一直都奉行“在白酒行业，资源拯救未来”的信条。不过，他的这个资源并不是指团购资源，也不是大型超市、烟酒店、餐厅等传统的渠道资源，而是看似和酒行业没什么关系的健身会馆、汽车4S店、高尔夫俱乐部等实行会员制的场所。正是这些地方聚集了顺和酒行的目标群，而马龙刚便将这些场所视为白酒目标消费群体的“生活圈”。

一次偶然的机会，马龙刚发现可以通过资源交换的方式切入这个看似与酒行业没有多大关系的生活圈。当时他受朋友之邀到健身馆打球，认识了会馆老板。在得知这个会馆只向会员开放的信息之后，他向老板提出了一项建议：他可以为老板带来100个会员。

双方交谈后开出的条件是：健身馆给马龙刚100张价值1000元的且附有“顺和酒行”之名的会员卡，并在健身馆内为顺和酒行提供形象展示柜台；而马龙刚则给健身会馆送100箱价值12万元的酒水，作为他们送给会员的礼品或是招待会员之用。

这次的合作很成功，健身馆的会员卡可以拿来回馈顺和酒行的会员，健身馆内的展示柜也带动了一些酒水销售。而会馆方面，不但会员人数得到了增长，而且100个新会员以及他们介绍来的朋友正是会馆的目标消费人群，而酒水作为礼品招揽其他新会员的效果也非常不错。

马龙刚还用类似的方法将顺和酒行的酒植入一些地面活动中，如汽车4S店的车友会活动、高尔夫俱乐部、房地产公司的客户答谢会等。在这些地面活动中，顺和酒行得到了与目标群直接交流沟通的机会，会员数量迅速增长。

如果说生活圈是被其他人忽略的资源，那么“顺和万通卡”就是顺和酒行完成的一件其他酒行能想到但却未必会去做的事。借顺和酒行母公司的资源，马龙刚将万通卡在临沂落地时，便挂上了“顺和”之名，同时打通了山东高速ETC的支持功能，使之成为一张集店面支付、顺和酒行会员以及山东高速ETC等于一身的多功能金融卡。

作为后起之秀，顺和酒行要想后来者居上，就要在变化中寻找突破之道。近年，白酒行业开始下行，消费者本身发生了很大的变化，消费者从以前的拼酒量，渐渐地转化为重质不重量，同时他们也变得更加理性，往往会选择一些性价比比较高的产品，而不是和以前一样觉得“越贵越有面子”。

在山东，餐饮终端的酒水加价率通常都高达100%，远远高于超市和烟酒店，而且大多数餐饮店都有谢绝自带酒水的规定。但是当面子逐渐被理性消费所取代时，餐饮店不得不改变谢绝自带酒水的规定，同时餐饮消费也在逐渐下降，餐饮店在谢绝自带酒水时也显得底气不足。

市场需求变化的背后，往往隐藏着更大的机会，马龙刚紧紧抓住这一时机，在线上的“酒到家”网站以及电话客服接受订单，并且借助密集在城区的60家连锁店做同城配送，承诺在29分钟之内，把酒送到客户家或餐饮店，又快又方便。

其实，马龙刚并不是第一个做同城配送酒水服务的人。无法保证在半小时内将酒送达，不能满足餐饮店的现场消费习惯，这是顺和酒行或其他酒行做同城配送的瓶颈。

配送人员将酒送到餐饮店，消费者却被告知谢绝自带酒水，甚至直接拒绝配送人员进店，这是顺和酒行刚做同城配送时最常遇到的问题。但马龙刚认为，改变谢绝自带酒水已是不可阻挡的趋势。餐饮店本身也不愿意放弃酒水的高毛利，甚至联合起来抵制顺和酒行。他们请来行业协会坐镇，与马龙刚进行面对面谈判。但马龙刚却用三句话表明了自己的态度：第一句，凡是对消费者有帮助的事，我都会坚持；第二句，历史的趋势是不能逆转的，我不做，别人也一样会来做；第三句，你做你的菜，我卖我的酒。总之，马龙刚的态度非常强硬。

谈判的结果虽然不是很圆满，但也达到了马龙刚的期望值，有三分之一的餐饮店愿意与他合作，还有三分之一同意让顺和酒行入驻他们的酒柜。另外，顺和酒行在同城配送时，还有机会进驻一部分的餐饮店，在店内售卖平价酒水，将餐饮行业的终端资源直接转化为顺和酒行的零售店。

这只是马龙刚计划中的一小部分，他还有更大的计划等着实施。根据他的判断，酒水行业的趋势是往理性消费、大众消费的方向发展，所以他的下一步计划就是“三进”，即进社区、进超市、进乡镇，满足普通人日常消费的需求。

顺和酒行是中国传统经销商的典型，既做品牌代理，也做小规模的连锁店。2013年1到6月，顺和酒行的单店销售额从2012年的1500万元增长到3000万元以上，增速超过50%。

顺和酒行在酒水市场下行的时候还能拥有如此佳绩，与顺和酒行懂得利用互联网思维是分不开的，与社会化媒体和自身已经搭建好的平台也是分不开的，还有一点就是对区域核心消费人群的把握。

抓住核心区域消费人群，只需要做好四件事：活动、事件、体验、服务。

活动能够把泛关系变成弱关系。活动就是一把筛子，线上会有很多的陌生人，通过一个活动，把有关的人留下，这留下的人就是目标消费者，这样泛关系就变成了弱关系。

事件能够把弱关系变为强关系，比如，大家通过吃饭这个活动认识了很多人，收到了很多名片，但你基本上是不太可能给这些人打电话的。很明显，虽然吃过饭聊过天了，但还是弱关系。但只要发生一些事，比如同车回去，比如你们在路上正好遇见，通过这些事件就能变为强关系。事件非常重要，因为只有强关系才会形成购买。

区域市场中事件的运作往往被多数人所忽略，经销商的团队一般都比较弱，以前经销商基本上不会设市场部，顺和酒行原先也没有市场部，到后来才勉强组建了一个，但根本起不到什么作用。可顺和酒行却懂得用最简单的事件来做活动：面向大众做免费新媒体营销培训。这是一个最简单的事件，第一届参加的人有三百多，而且一来就是呆上一整天。经过一天的共同培训，再加上晚上一起吃顿饭，彼此就成为了朋友，弱关系在短时间内就变成了强关系。

那怎样将强关系变成自组织的社区呢？这就需要消费者进行体验。顺和酒行在线下的体验中心做了很充分的准备，包括组织旅游、开Party、组织品鉴会，等等。顺和酒行结合市工商联，与临沂的市级工商做了十几场活动，这些活动都是围绕着各种各样的体验进行的。慢慢地，大家就只认顺和酒行这个酒商品牌了。

最后一步，就是要形成自组织的社区，做好个性化定制等售后服务，迎合客户的尊享心理，开展对客户的微信、微博等新媒体的营销方式。

Chapter 3

大数据营销

深度挖掘互联网里的潜在用户

“大数据”是时下最火热的互联网词汇，而随着大数据而来的数据仓库、数据分析、数据挖掘等也成为行业人士争相追捧的利润焦点。

众所周知，不管是何种数据，其本身都蕴藏着价值。不过将有用的数据与没有价值的数据进行区分，才是企业最需要着手研究的一个问题。

显然，一个企业所掌握的人员情况、工资表以及客户记录对于企业的运转来说是至关重要的，但是其他的数据也会起到不小的作用，就看企业能否挖掘出这些数据了。比如说一段记录：消费者如何在一家商店中购物的视频，消费者在购买你的服务前后有什么动作，怎样通过社交网络联系客户，企业本身依靠什么来吸引合作伙伴的加盟，消费者用何种方式付款而供应商又喜欢用什么样的方式付款……单单是这一段记录，就能为企业提供很多指向，将它们抽丝剥茧后，通过特殊的棱镜观察，将之与收集的其他数据对照，或者用与众不同的方式分析和解剖，就能让企业产生翻天覆地的变化。

大数据在这个时代显然成了一个非常重要的角色，而依靠大数据而起的全新营销方式也越来越受到人们的欢迎。

大数据的价值不在于拥有多大的量，而在于在数据中挖掘出企业的潜在客户。大数据也不是只有大企业才能拥有，中小企业本身拥有的数据也不小，就看如何挖掘出有价值的部分数据。

1. 大数据的价值不在大，而在于潜在用户的挖掘

大数据思维是什么？维克托·迈尔·舍恩伯格认为：第一，需要全部的数据样本，而不是抽样；第二，关注效率而不是关注精准率；第三，关注相关性而不是关注因果关系。

大数据的关键点不在大，而在于有用。大数据思维首先需要能够充分理解数据所蕴含的价值，并且知道如何利用大数据，让它为企业的经营决策提供依据。也就是通过数据处理创造商业价值。

在互联网飞速发展的时代，任何一项技术都是为了达到某种目的而出现的，而大数据从本质上来说是为了做决定而存在的。大数据能够为企业的决策提供精准的依据，比如市场方针制定、精准营销目标群体、营销数据等方面。大数据的存在不仅能为企业提供数据支撑，还能为用户提供更便捷的信息和数据服务，从用户搜索的信息中，企业才能挖掘出更多的潜在用户。大数据最大的特点是数据量大而繁杂，企业需要通过对数据关系的深度挖掘和分析，才能将大数据进行更好的利用。

大数据其实并不是新近出现的概念和现象，早在1980年，美国就提出了“大数据”的概念。发展至今，由于各方面的进步，各个领域的数据量都在迅速地增长。随着数据的大爆发，数据的收集、保存、维护、共享、使用等，都成为各个领域的刚性需求。通过对数据的分析、开发和整合，企业可以发现一些新的知识，创造出新的价值，从而带来“大知识、大科技、大智能、大利润、大发展”等。

也就是说，大数据的大，其侧重点并不是在表面上所呈现出来的“大容量”，而在于潜在的“大价值”。大数据之所以能成为革命性的现象，是因为它标志着商业世界乃至整个人类社会从信息时代、经由知识时代迅速地向智能时代迈进。

大数据影响甚大，可能很多人都感觉不到大数据对自己产生了什么样的影响，但实际上我们的工作、生活，甚至有关我们的一切都与大数据息息相关。

譬如，我们在用信用卡购物时，信用卡银行会在寄送账单时附带一些商户优惠促销的信息，如果是有需要的用户，就会成为这个商户的用户。

如今，在淘宝上购物已成为很多人的购物方式。如果有人最近想锻炼了，在淘宝买了一个羽毛球拍，当他再进入淘宝页面的时候就会发现，屏幕上会出现很多关于各种羽毛球、网线、运动设备的信息。

大数据的原理就是通过捕捉、发现和分析，在大量数据中得到有价值的信息，大数据拥有挖掘潜在用户的能力正是基于这一原理。

在商业世界中，数据以海量的方式不断产生。数据是有价值的，但不是每条数据都是有价值的。那么，企业应该怎样筛选有价值的数据呢？又该如何通过这些数据调整自身的运营方式呢？诸如此类的问题会一个个地摆在企业领导人的面前，而这并不是靠经验就能决定的事情。

以一家超市为例，每天有多少人出入，有哪些人进行了采购，采购的主要是哪些产品、主要分布在哪些品牌，对于超市所做的特价商品，消费者的接纳程度是多少？更具体一些，通过超市自发的顾客卡，能不能从中分析出不同年龄段顾客的购物习惯，找出最具增值回报价值的目标消费群？他们在不同时间段的购物行为如何，他们购买的产品是否能激发出相关或后续追加的购买行为？这些单纯依靠经验是不可能做出准确判断的，而通过大数据，这些问题都能轻易地得到解决，因为大数据便于领导迅速做出准确的判断。

在2013年，大数据技术被大规模地采用，许多IT企业的领导人都采用了大数据。目前对于大数据的困惑在于，企业是否真的需要大数据？怎样衡量及确保企业在大数据领域的投资回报？从国内当前的情况来看，大多数企业对于大数据的接受还处在萌芽阶段，他们正在慢慢地消化这一理念，逐步打消“大数据是噱头”的想法。他们还没有清楚地了解大数据会给基础设施、企业自身以及各个行业带来多大的影响，也还未看到更多具有足够说服力和影响力的将大数据成功应用的案例。但从日趋严峻的发展和竞争态势来看，企业必须转向大数据，这已经成为一个必然的趋势，否则企业很难挖掘到最具价值的客户群体，从而在市场竞争中脱颖而出。

某些已经尝到大数据好处的企业表示，企业在最近一两年里因地制宜制定的大数据战略，都收到了很好的效果。大数据中蕴藏着新的商机，可以让企业感知到曾经“失落的世界”，接触到发展的另一方天地。大数据可以更加全面地了解客户的消费习惯和需求，通过这种方式，企业可以找到新的方式与现有客户及潜在客户进行交流，从而找到于双方都有利的经营模式。

数据挖掘产生于20世纪80年代的美国，是一种新型的商业信息处理技术，最开始是在金融、电信等领域内应用，先是对大量的数据进行抽取、分析、转换以及模型化处理，然后从中提取有助于商业决策的关键性数据。随着银行信息化的快速发展，产生了大量的业务数据，从这些海量的数据中可以挖掘出有价值的信息。汇丰银行、花旗银行和瑞士银行就是这项技术的先行者，如今各大银行都在应用这项技术。

以广发银行为例，大数据的挖掘主要表现在以下几个方面：

第一，风险管理。风险管理是广发银行的重要应用之一，譬如信用风险评估，从大量的用户数据中评估贷款人或信用卡人的风险。通过这些数据，可以确定哪些客户拥有极端的消费行为，从而减少银行和用户承担的风险。

第二，客户管理。客户管理的第一项就是新客户管理，这对于广发银行开拓新用户是至关重要的。广发银行通过对大数据的分析，找出客户数据库中的特征，预测这些用户对广发银行活动的响应率。那些被确定为有利的特征可以与新的客户群进行匹配，增加广发银行营销活动的效果。

广发银行通过银行数据库中存储的客户信息，根据事先设定好的标准找到符合条件的客户群，然后通过聚类分析让其自然形成类别，通过对客户的服务收入、风险等相关因素的分析找到潜在的可盈利的目标客户。

客户管理还有一项是保留客户。在发现流失客户的特征后，广发银行可以在具有相似特征的客户流失之前，采取一些措施留住这些客户。

第三，优化客户服务。为客户提供优质以及个性化的服务，取得客户的信任。根据分析20%的客户创造了银行80%的客户，发现这20%的客户，并对其实施最优质的服务。

为能发掘更多的潜在客户，广发银行还会与各大商家进行合作，譬如一些咖啡厅、餐厅、健身馆等休闲娱乐场所。比如周几去某家餐厅消费刷广发卡可以享受几折的优惠，等等。这是一种很有效的营销手段，希望得到优惠的客户自然就会成为办理广发业务的潜在客户。广发在每个月的账单中都会附上一些商品打折信息，或是其他一些商品内容，促使有需要的客户去进行消费。

2. 记住：小企业也要有大数据

大数据时代，企业战略将会发生巨大的改变，从业务驱动转向“数据驱动”。大数据的智能化决定了企业未来的发展方向。

在过去，很多企业对自身的分析只停留在对数据和信息的简单汇总方面，缺乏对客户、业务、竞争、营销等各个方面的深入分析研究。如果决策者只是凭借主观与自己的经验来对市场进行估测并制定策略，就会存在很大的风险，因为这种决策方式会导致战略定位的不准确。

在大数据时代，企业应该通过收集和挖掘大量的资料，以此预测市场需求，并进行智能化的决策分析，从而制定出精准决策。在大数据环境下，无论企业大小都要改变成为数据驱动的企业。

在现如今的大环境下，要搭建一个大数据平台并不是一件容易的事，特别是对一直都在传统行业中耕耘、对IT技术没有什么积累的中小企业来说，更是十分困难。面对这种情况，中小企业更要懂得应用市场上已经存在的大数据服务，为自己的业务添加一份强大的力量。

那么，面对资金的限制和激烈的市场竞争，如雨后春笋般发展的中小企业要如何去适应大数据时代呢?

对此，担任微软亚太研发集团主席的张亚勤有其独到的见解，他认为，中小企业完全没有必要去考虑自己建立一套IT系统，从精力、成本、能力等方面来考虑，这都是一件非常不现实的事。小企业可以将企业的IT建设外包给合适的服务商，然后将企业的全部精力投入到客户的开发上。

在大数据环境下，小企业首先要做的并不是追求拥有大量的数据，而是先要具备大数据的思维。真正将大数据思维贯彻下去的企业，都会选择在服务方面下功夫。数据资产目前尚处于跑马圈地的阶段，任何企业都可以通过提供更加新颖的服务来获取不同方面的数据资产来源。可以说大数据给小企业带来了难得的超越机会。

有了大数据思维，中小企业就能借助大数据来制定企业的营销方向和策略。这有两种方式可供选择：第一，可向一些大企业购买数据，比如BAT这三大互联网巨头，都掌握着非常庞大的数据，无论是哪个企业，都可以从这些数据中发掘出对自己有价值的数据。从第三方买数据不但可以节省自己的成本，也能借鉴它分析数据的方式。第二，中小企业自身不会产生太多的数据，所以在数据量上很难达到一定的规模，这就使得企业在确定或调整自己的发展方向时缺少了重要的量化依据。面对这种情况，中小企业可以团结起来，抱团取暖，比如上下游企业或同行业企业可以联合起来开发，充分分享自己的数据资料，促进参与企业的共同发展。

完整的大数据模式为：数据采集——存储——分析——筛选——预测，其中后三个是最为关键的。很多中小企业虽然拥有了数据，但却在分析和预测上能力不够，从而无法让数据产生价值。

那么，有了数据要怎样利用呢？大数据时代下的中小企业想要创新，最大的挑战又在哪里呢?

许多中小企业认为，有价值的大数据一定是掌握在核心企业核心部门的手中，比如国家电网、民航总局、互联网信息中心等。这些企业所用的数据是庞大的，并且是能真正产生价值的，而中小企业所掌握的数据只是属于拾遗补漏。

中小企业要想弥补自己的不足，可以采取以下两种方式：一种是选择抱大企业的大腿，和他们合作，比如“非常准”和民航总局的合作。但是这种合作并非长久之计，因为他们随时可以甩了你，无法给中小企业真正的安全感。比如，民航总局自己建立了“航班管家”，其准确度大大高于“非常准”，“非常准”不可避免地就被淘汰了。二是找到独特的数据资源，即大机构没有想到或者不愿意去接触的数据。

面对互联网带来的巨大能量，传统企业转型已经成为必然的选择。无论是石油业、银行业亦或是随处可见的零售业，都要对大数据有深刻的认识。一些传统的石油巨头们一直在往信息化这条路探寻着，很多石油公司每年在信息化建设中投入的资金占到了公司盈利的1%~3%。

据媒体报道，埃克森美孚曾在一次全球性的招标会上，一次性投入10亿美元来购买信息化服务。传统的商业银行也在积极地与互联网“合作共赢”，并进行互联网经营模式的创新，比如，推出POS网络商户贷款服务，全面筹建电子商务银行等。全球最大的零售商沃尔玛也在整合用户在社交网络上的关系数据，以便更精准地预测消费者在购物方面的选择。

在纽约第五大道最大的Prada店里有一种魔力镜——当消费者拿着衣服走进试衣间后，试衣间里的智能视频就会自动播放模特穿着这件衣服走秀的视频。

Prada的每件衣服都植入了RFID的电子标签，在试衣间的智能屏幕前，RFID会做出自动识别。同时，衣服被拿进试衣间的次数、客户每次停留的时长、是否被购买等信息，都能通过这个电子标签进行收集后传回给总部。这就意味着，无论消费者是否成为购买客户，都将会参与到商业决策的过程之中。

Prada在提升消费者购物体验的基础上，同时还提升了30%以上的销量。在社会信息化的大环境下，很多企业都在加速转型，消费者已经开始参与到企业的发展进程中，并对其有着绝对的影响力。有报道指出，以往的研究只是IT部门对自己的技术能力做延伸拓展，但现在，数据处理技术在企业业务中的应用已经达到直接帮助企业获利的作用，不但改善了客户的体验，而且创造出了新的业务模式。

社会信息化环境的逐渐完善，也不断地推动着企业的加速转型。新技术和新应用的出现，使企业IT能以低成本快速地进入业务，从而更直接地释放和体现IT的价值。

3. 大数据服务：从个性化到人性化

随着互联网的不断发展，未来大数据能更好地解决很多社会问题、商业问题和科学技术方面的问题，比如：医疗机构能实时监测用户的身体健康状况；教育机构能有针对性地制订用户喜欢的教育培训计划；服务行业能提供及时的符合用户生活习惯的服务；社交网络能为用户提供合适的交友对象，并为有共同爱好的人群组织各种聚会活动；政府在用户心理健康方面出现问题时能实施有效的干预，以防范出现更大的问题；金融机构能有针对性地为用户提供有效的财政管理渠道，给用户的资金提供更有效的建议和规划；道路交通、汽车租赁以及运输行业能为用户提供更加舒适的出行路线和服务安排等。有个性化的大数据作为支撑点，为用户提供的服务将变得更加精准、有效，每个人都能享受到大数据带来的便利，这就是互联网时代“以人为本”的最佳体现。

以在线教育为例，2013年在线教育全面席卷美国的教育领域，一系列新型的智能网络学习平台成为高科技领域创新和投资的重点对象，目前已有不少新兴的创业公司取得了初步成果。如著名的在线教育公司Coursera，它成功地与普林斯顿、伯克利、宾夕法尼亚法学院等知名学府合作，在互联网上免费开放这些大学开设的课程。也就是说，这些学校的课程，可以实现全球几十万人同步学习。全世界的学习者不仅可以在同一时间实时听取同一位老师的授课，还可以和在校生一样，做同样的作业，接受一样的评分和考试。

这种智能网络学习平台的出现，在美国引起了广泛关注和激烈讨论。

其最大的原因就是这个平台已经不只是一个单纯的镜头、一段简单的录像，而是能够为学习者提供“定期评价和诱导”的智能平台。

例如，通过记录鼠标的点击率，计算机就可记录你在一张幻灯片上停留了多长时间，判别你在答错一道题后有没有回过头来复习，还可统计你在网上疑问的次数以及参与讨论的次数，从而发现不同的学习者对不同知识点的不同反应，从而总结出哪些知识点是重点知识，哪种陈述方式和学习工具是最有效的等规律。利用这些规律和分析，对平台用户的学习行为进行自动提示、诱导和评价，以弥补没有老师面对面交流的不足之处。而正是因为背后所拥有的大数据，这个平台的功能才会如此强大。

个体学习行为的数据看似是杂乱无章的，但当数据积累到一定的程度时，群体的行为就会在数据上呈现出一种新的秩序和规律。通过收集这些数据，分析和总结大数据带来的秩序和规律，就能让学习者通过计算机得到有效的指导和帮助。

在传统的教育模式下，分数代表着一切。一个班上有几十个学生，使用同样的教材，同一个老师在授课，课后布置同样的作业。然而，学生是千差万别的，古人所说的“因材施教”在这种教育模式下是很难实现的。比如一个学生考了80分，这个分数仅仅只是代表一个数字吗？它还能代表什么呢？80分的背后是家庭的背景、个人的努力程度、对学习的态度以及智力水平等，而把它们和80分联系在一起，就成了数据。

大数据因其来源的广度，有足够的能力去关注每一个学生的个体表现，例如他在什么时候开始学习，哪一种讲课方式对他最有效果，在什么时间学习什么科目效果最佳，在不同类型的题目上停留了多长时间等。这些数据完全是在学生不知情的情况下被计算机所观察和收集的。这种收集方式只需要一定的观测技术和设备，不影响学生的日常生活和学习，过程非常自然、真实。

在大数据的支持下，传统的教育模式将会发生改变，呈现出一些新的特征：弹性学制、个性化辅导、在社区和家庭学习等。大数据支持下的教育特征，就是根据每一个人的特点，真正地做到因材施教。

可以想象，这种智能化学习平台的出现将会给传统教育界带来一次巨大变革。学校曾经是最重要的、也是唯一的教育资源，好的学校更是少之又少。但由于这种智能型学习平台的普及，在不远的将来，名校将不会再有门槛，人人都可以上，也就是说，对中国这种教育资源还相对缺乏的国家来说，如果操作得好，资源匮乏的问题很快就可以得到缓解。此外，这种学习平台的出现，也将会给整个教育行业带来冲击和挑战，名牌大学将更受到社会的追捧，其品牌影响力将会更加突出。那么普通大学的发展空间会受到何种影响呢？它们会不会因此衰退？如果不会，又会以什么样的方式来吸引学生？既然最好的视频资源可以免费得到，教师的角色是不是也要进行调整？将如何进行调整？这些问题，都是未来教育界需要思考和面对的挑战。

大数据带来的不仅是教育模式的改变，它在各行各业都掀起了浪潮。三碧酒店就是一个将大数据的个性化和人性化结合得很好的例子。

三碧酒店改良后的官网已在前段时间正式上线。作为中国第一家大众时尚酒店，三碧酒店一直以来都秉持着个性化、人性化的设计理念和精致、时尚的现代风格，致力于为入住的消费者提供时尚、快乐、舒适的三碧品牌体验。前不久上线的官网就集中体现了三碧酒店个性化和人性化相统一的理念，上线之初就得到了消费者的广泛好评。

其他酒店的官网预订栏只限于传统的预订项目，但三碧酒店不同，它充分考虑了客户的不同需求，以能让客户真实地看到住房条件为基本原则，在保留传统的列表订房和地图订房的同时，特别推出了自助订房。在自助订房的页面中，消费者可以清楚地看到房型、楼层位置、酒店的设计风格等信息。这对于消费者来说，无论有什么样的需求都可以通过自助订房选取自己喜欢的房间。可以说，三碧酒店在官网上所做的这一步创新远远超过了其他酒店的官网，将人性化和个性化做到了一个新高度。

在官网的登录页面，三碧通过与QQ、支付宝等大平台的合作，实现了多账号登录模式。在大数据信息化的时代，通过这样一个小小的创新，就将原有的仅支持手机注册的旧官网变为了更加开放和便捷的新官网。同时，三碧酒店利用QQ、支付宝的应用链接、账号绑定等功能，进一步加强了用户的隐私性和账号的安全性，为用户带来了更极致的体验。

在新官网首页，用户只要直接点击“3B Hotel”，就可以直接进入官网快速预览及预订专区，而且官网还有支持检索城市、查看入住日期、离店日期以及快速预订酒店等功能。在同一页面，三碧酒店新官网的人性化设置再一次得到了体现，为用户提供外出旅行必备的杀手锏——包括查询火车票、租车、预订机票、查看天气、设置地图等服务。将用户出行可能用到的各种信息都包含在内，给用户带来了一站式的便捷服务。

在风格方面，新官网比旧官网在整体风格上显得更加温馨，酒店还邀请了外籍模特以三碧酒店余姚胜山店为背景，在大堂、客房、餐厅等不同区域进行多角度拍摄，力图将三碧酒店的形象呈现得更加完美，让用户在进入官网的一瞬间就能感觉到家的温馨，同时也感受到时尚的气息。

4. 只要知道“是什么”，而不需要知道“为什么”

“可能感兴趣的人”“你喜欢哪一种产品”“购买此产品的人还购买了……”这些提示看似平常，但这背后其实孕育着被誉为“新油田”的大数据产业。

美国互联网数据中心指出，互联网的数据每天都会以50%的速度增长，而目前世界上所拥有的90%的数据都是在近几年产生的。这些数据并非单纯指网友在网上发布的消息，工业设备、汽车、电表等都带有数码传感器，能随时测量有关的位置、运动、温度，甚至是空气中化学物质的变化轨迹，而这些都是产生海量数据的原因。

大数据的技术战略意义不在于能够掌握多少数据信息，而在于能够对这些数据进行专业化处理。也就是说，如果把大数据比成一种产业，实现产业盈利的关键点在于提高对数据的加工能力，然后才能通过加工实现产业增值。

我国目前的大数据还处于初级阶段，但其商业价值早已呈现出来。首先，那些手中握着数据的公司早已站在了食物链的顶端，只要进行数据交易即可产生庞大的效益。其次，基于数据挖掘会产生多种商业模式。比如，帮助企业做内部数据的挖掘，或者侧重优化，以帮助企业精准地找到用户为重点，这样做可以大大降低营销成本，提高企业的销售率，增加企业的利润。据有关部门的统计，目前大数据所形成的市场价值已经达到51亿美元，到2017年，将会上涨到520亿美元。

新兴的企业进入数据服务领域会面临着三大挑战：第一，是否拥有全面开发技术的能力。第二，是否拥有足够的资金，因为做数据服务需要大量的基础设施以及海量数据的存储、计算等，而这些都需要投入庞大的资金。第三，是否能比大公司成长得快，这也是决定企业能否顺利发展的关键一点。

大数据的发展前景是符合时代潮流的，但对具体产品和数据的处理能力，才是决定最终成败的因素。如何获得大量的数据、如何提取数据的价值都是非常重要的。

世界的本质就是数据，所以，大数据时代的经济学已经发生了巨大的改变，甚至是本质上的变化以及发展，这影响到了人类价值体系、知识体系和早已成为习惯的生活方式。在哲学史上，可知论和不可知论一直都在争论不休，但在大数据时代这些都会转变为实证中的具体问题。可知性是绝对性的，不可知性是相对性的。

大数据时代在处理数据的理念上也发生了很大的改变：要整体性不要抽样性，要效率性不要绝对精确性，要相关性不要因果关系。从万事万物数据化和数据交叉复用的巨大价值两方面来看，大数据是社会向前滚动的最根本动力。

在互联网时代，有很多事情是必须在大规模数据的基础上才可以完成的，在小规模数据的基础上根本不可能完成。大数据是人们学习新知识、创造新价值的源泉，同时还是改变市场结构、组织机构以及社会各方面的常用方法。

这些改变仅仅只是一个开始，大数据的发展已经对我们的生活方式以及与世界的交流方式提出了挑战。最为惊人的是，社会不需要它对因果关系的渴望，只需要它关注相关关系就足够了。也就是说，只需要知道是什么，而不需要知道这是为什么。这个认知推翻了以往的惯例，而且企业做决定和理解市场的方式也将受到全面的挑战。

大数据最核心的部分是预测，它往往被视为人工智能的一部分，或者更确切地说，是被视为一种机器学习，但这种定义对人们的误导非常大，大数据不是要教机器人像人一样懂得思考，而是要根据这些数据算法预测事情发生的可能性有多大。

在大数据时代，我们可以对更多的数据进行分析，有时甚至可以处理和某个现象相关的所有数据，而不用再依赖随机取样的老方法。大数据时代，研究数据非常庞大，我们也不能一味地只知道去追求精确度，或者去寻找因果关系。

大数据时代开启了一场前所未有的寻宝数据，而人们对于数据的看法以及对由因果关系向相关关系转化时释放出的潜在价值的态度，是主宰这场游戏胜败的关键。

大数据时代人们对数据态度的转变，从互联网上的网址就能得到证明，虽然它们不去追求极致精准，也不会去假装精确，但这并不代表系统不知道正确的数据有多少，只是当数据量变得越来越庞大时，和数据的完整性与混杂性相比，数据的精确性已经变得不再重要。

在数据的质量上，大数据时代与小数据时代有着明显的不同，在小数据时代，追求精确度是非常合理的，因为当时企业收集的数据非常少，所以当然是越精确越好。但是对于有些事，能够快速地获得一个大概轮廓和发展脉络就足够了。

知道人们为什么对某些信息感兴趣虽然是有必要的，但这个问题暂时还不是最重要的，重要的是要知道“是什么”可以创造点击率，知道“是什么”足以重塑很多行业，而不单单只是电子商务方面。

销售人员在从事销售时就被告知，他们需要了解是什么让客户做出最终选择，要充分地把握住客户做这个选择的背后原因，因此他们的专业技能和经验会得到高度的重视。但大数据却能用另一个方法知道是什么，比如亚马逊的推荐系统梳理出了许多有趣的相关关系，知道是什么就已足够，没必要知道为什么。

大数据对相关性关系非常注重，因为它不仅能为我们提供新的视角，而且视角非常清晰，但如果把因果关系考虑进去，这些清晰的视角就会被蒙蔽掉。

随着大数据的出现，数据的总和价值比部分价值更重要，当企业将多个数据集的总和重新组建到一起时，重组总和本身的价值就比单个总和的价值更大。

根据所提供价值的来源，出现了三种类型的大数据公司，分别是数据本身、技能与思维公司。

第一种是基于数据本身的公司。这些公司通常都拥有庞大的数据量，或者可以收集到大量的数据，但却不一定拥有从数据中提取有用价值的技能。比如Twitter，它拥有海量的数据库，但是它的数据却是通过两个独立的公司授权给别人使用。

第二种是技能公司。它们通常是咨询公司、分析公司或者技术供应商等。这些公司虽然掌握着一定的专业技术，但不一定拥有数据或提出数据创新性用途方面的技术。例如，沃尔玛和Pop—Tarts这两家零售商，就是借助天睿公司的分析来获得营销方法的，而天睿则是一家大数据分析公司。

第三种是思维公司。皮特·华登是Jetpac的创始人，这家公司就是通过想法来获取价值的。Jetpac通过用户分享到网上的旅行照片来为客户推荐下一次旅行的目的地。对于这种类型的公司来说，数据和技能并不是其成功的关键点，让公司获得成功的是公司全体人员的创新思维，他们拥有挖掘数据新价值的独特想法。

在日常情况下，我们知道“是什么”就已经足够，不一定要弄清楚为什么。大数据的相关性将企业指向了比探讨为什么更有前景的领域中。

5. 天然“精准”的营销生意经

近年来，互联网、移动互联网所带来的信息化、全球化已经成为一种趋势，从2013年开始更是被炒得热火朝天。可以说，互联网已经深深地改变了我们的生活模式、生产模式以及竞争模式。随着大数据时代的到来，企业对于精准营销的要求也在不断地提高，如何通过技术手段挖掘隐藏在大数据下的深层次关系，让企业营销变得更准确、有效，已经成为大数据时代营销中的重中之重。

由中国计算机学会青年计算机科技论坛和百度公司联合主办的“2013年CCF YOCSEF–百度计算广告学交流会”在9月14日圆满落幕。广告营销的热点搜索广告、实时竞价移动互联网广告是会议讨论的重点项目。

搜索广告是目前网络广告的主战地。艾瑞发布的2013年第二季度中国互联网广告的核心数据显示，本季度中国网络广告的市场规模达到了232.6亿元，比上一季度增长了17.4%，比去年同期增长了27.4%。

搜索引擎推广作为营销基础，是一种非常有效的在线推广办法，因为这种类型的广告都是向有需要的用户展示的。百度商务搜索部总监刘炀表示：“在一定程度上，可以说没有网络广告就没有互联网。按照目前的形势，网络广告仍然是互联网最为重要的商业模式，在当前阶段的网络广告中，搜索依然是营销的首个选择。虽然当前RTB等新兴的广告形式也加入到了网络营销的阵营中，但还是无法动摇营销在网络广告中的核心地位，所以说搜索广告仍然是网络广告的主战地。”

“百度作为全球最大的中文数据平台，不用言说，肯定是计算机广告学的天然战场，拥有着千万量级的广告库。”刘炀说，“平衡整个生态圈中三方面的利益，使各方的利益都实现最大化，这是计算机广告学的任务，也是百度的任务。”百度为此做了深入研究，并且积极地将Deep Learning等高新技术应用引进了百度的广告领域。根据用户的一些行为活动习惯以及页面的资料信息，利用对大数据的挖掘及分析技术，使其更加有针对性地向用户提供他们感兴趣的内容和信息，从而使网络广告更加有效。

网民、客户、互联网构成了搜索营销的整个生态圈。对于网民来说，如何快速地从上千万条的广告中找出他们需要的信息是他们搜索的目的。而对于客户来说，他们在网络广告中投入了大笔的资金，自然就要得到回报，所以如何提升ROI是他们最为关心的问题。对于互联网公司来说，如何在生态系统的可持续发展中，最大程度地获得商业收益是最重要的。

BES系统让营销变得更精准。BES是一个让流动用户能以无线的方式访问通信和信息，包括电子邮件、电话、即时信息、公司数据、网页访问、文本消息以及行程日历的系统。

随着企业对广告投放的要求越来越高，从2012年起，RTB广告交易模式开始在国内大范围兴起；2012年4月，谷歌DoubleClick Ad Exchange进入中国互联网业；2011年12月，淘宝Tanx也全面上线，随后腾讯、新浪等网络巨鳄也相继推出交易平台。交易平台的出现为DSP的发展提供了坚实的基础，进一步推动了网络广告整体市场的前进。

事实证明，RTB效果的实现，需要汇集更主流、优质的流量和数据资源，规模越大，可购买的受众资源也就越广泛，最终释放RTB的精准营销优势。百度推出的BES系统可利用大数据处理技术，让企业营销变得更精准，从而更加完美地实现按需求、按效果来配置资源。

传统的广告投放方式存在着很多弊端：投放效率低、购买流程中有将近1/3的预算被浪费，发布商有50%的流量未能售出，广告商自己也不知道是哪些部分被浪费掉了，而受众却搜不到相关的广告。但百度推出的BES系统却突破了这些障碍，利用大数据的广告处理技术，让营销变得更加精准，实现了按受众需求投放广告，提高了交易率，使产业链多方实现了共赢。

在RTB的模式下，广告主可以按照自己的需求和喜好设置自己的目标客户，从庞大的流量中找寻最精准的人群，以RTB的方式用最合适的价格购买这些目标人群，而不是用传统的方式去猜测这些人群会出现在什么网站。RTB模式可以让广告主减少资源浪费，提升ROI。对于用户来说，由于他们直接看到的是自己感兴趣的广告，所以大大减少了搜索广告的时间，提高了搜索的效率。对于媒体来说，减少了流量浪费，提高了经济效益。

移动互联网时代，用户体验才是关键。如今，时间碎片化越来越严重，人们随时随地都可能在使用无线移动端。这使得搜索变得更加随意，有时候甚至是没有目的地搜索。如何将最好的结果反馈给用户，平衡网民、广告主、互联网三者之间共同的利益，这是一个非常艰难的问题。在移动端设备受到限制的情况下，用户的体验就显得更加重要了，如果照搬PC模式，对用户体验将是一种很大的伤害，同时还会受到手机助手等软件的拦截，即使能够实现，广告的效果也不会很好，反而还会招致用户的反感。所以，如何在移动端的趋势下实现企业的精准营销，是一个非常关键的问题。

邻家汇就将精准营销做得非常好。邻家汇的目标客户是大型连锁超级市场，在电子商务以及移动电商的大力冲击下，传统的大型连锁超市面临着转型的重要关口。邻家汇抓住这一时机，为传统的超市免费量身定制手机客户端，弥补其在移动互联网商业开发、企业运营以及用户维护等方面的短板，为他们打造线上线下相互融合的生态链，全面提升企业的市场竞争力，最终实现共赢。

邻家汇的业务主要分为四大版块：第一版块是移动端数字会员卡取代了实体卡，用户可以随时查询自己的电子账单，这一做法拉近了商超与消费者之间的距离。第二版块是移动端电子商务，通过虚拟货架展示更多的产品种类及商超货品体系之外的特色产品，打造个人的专属移动商城。第三版块是移动DM广告，以APP消息推送形式提升广告的达到率和覆盖率，同时有效地降低广告成本。第四版块是基于数据挖掘的精准营销平台。

邻家汇所面对的用户，基本上都是商超已有的会员和忠实消费者，具备天然精准营销的特性。基于与商超的紧密关系，邻家汇可以拿到实体店以及线上商城的客户消费行为、消费喜好以及操作习惯等海量的基础数据。通过大数据技术分析后，就可做出准确的购物车分析、关联分析以及售前的行为分析，从而为用户提供最精准的互动营销系统。

那么，邻家汇究竟有多精准？以它的客户——湖北中百集团为例，邻家汇为其量身定做的“掌上中百”，从2003年9月份上线到现在，累计注册用户就达到了29万，绑定会员卡数的比例更是超出了50%，每天活跃在线上的用户更是高达21万。

据邻家汇总裁宋超介绍，由于商超所面对的客户大多数是家庭主妇，未来邻家汇还可以通过手机的APP建立“泛生活”的社交圈，将广告主领域扩展至与家庭相关的保险、汽车、金融、理财等多个领域。

此外，邻家汇也为手机APP添置了一项门店导航的功能，基于LBS的精准定位，用户可以直接搜索到准确的商超位置。宋超还同时表示，邻家汇未来还会与物流合作，让用户享受到坐在家里用手机下单，快递直接送上门的服务。

目前，邻家汇已和安徽红府、河南双汇以及湖北中百集团等多家传统的连锁商超合作，未来几年，还将与多个城市的大型连锁商超开展合作，如华润、苏果等，为传统零售商进入移动互联网市场打造一条新的道路。

创富案例

1. 宝洁“大数据营销”实战之“寻找漂亮妈妈”

宝洁作为全球营销品牌的鼻祖，始终走在时代的前沿。早在1882年时，宝洁就非常强势推出了全球第一款有品牌标志的香皂；当印刷技术在全世界普及时，宝洁就率先使用了高质量的色彩平面广告；当收音机刚刚兴起首创肥皂剧的时候，宝洁又率先进驻了电视媒体……

宝洁之所以能一直走在时代的前沿，是因为它有一套非常成熟的品牌营销理论，它把与消费者的接触点划分为两大“真理时刻”，第一个真理时刻是消费者在门店中看到已经陈列好的宝洁产品的时刻，在这个时刻宝洁的任务就是让消费者产生使用产品的欲望。第二个真理时刻则是消费者在家里使用产品的时刻，在这个时刻宝洁必须让消费者产生继续使用该产品的愿望。

这两个真理时刻创立出来之后，宝洁一直将其做得非常出色，曾经有过连续十年保持双位数增长的记录。如今，当消费者的注意力被互联网吸引之后，宝洁发现在互联网中还存在一个“零真理时刻”，即消费者在搜索并查找商品的时刻。

“我们必须在消费者开始搜索的时刻就抓住他们的需求。”宝洁市场部数字营销总监陈万峰认为，搜索其实也是存在着路径和规律的，消费者往往会通过第一个关键词的搜索结果转向第二次搜索，接着又通过第二次搜索结果转向第三次搜索，直到找到自己所需要的东西。

2013年百度推出了Moments的理论，意指从消费者的需求出发，捕捉关键时刻，同时在不同的关键时刻与消费者互动沟通，最终影响其购买的决策。百度推出的这一理论，让宝洁深受启发，随后宝洁按照这一理论做了一系列的规划。比如，宝洁有一款产品“玉兰油洁面仪”。在过去，宝洁要抓住消费者，可能只需要在电视媒体上做广告，而现在还要同时把握住互联网上的关键Moments：当消费者搜索洁面仪时，不仅要让消费者看到与洁面仪相关的知识，还要在不知不觉中将其导向玉兰油洁面仪，告诉其价格和购买的渠道，直到最终达成购买。

通过与百度的合作，宝洁还发现了一个非常有趣的现象：其实很多消费者并不一定是从搜索宝洁旗下品牌的关键词找到宝洁的，他们还来自更为广泛的关联世界。比如，消费者往往会通过搜索某位明星的发型，进而找到宝洁的相关美发产品，这也让宝洁的品牌投放遇上了新的挑战。为此，宝洁又重新规划了产品搜索路线图，使得品牌的点击率和转化率都有了明显的提高。

但是，宝洁并不满足于目前的状态。现如今数字营销已成为必然的趋势，宝洁还希望能够与百度在营销创新上有更深层次的合作。宝洁最看重的是百度天然的大数据优势，因此与百度共同成立了联合实验室，一起研究消费者数据和行为，百度基于最真实的用户行为数据以及多维度的研究工具，帮助宝洁进行消费者画像，找出其地域分布、兴趣喜好、媒体接触点等隐藏在大数据背后的信息。

通过百度的大数据分析，从根本上改变了宝洁了解消费者的方式，同时也影响了宝洁的线上线下媒体投放规划及整体的营销策略。陈万峰认为："如果没有大数据分析，我们很可能误读消费在新传播环境下的需求，进而错失市场机会。"

比如宝洁旗下的高端家电品牌"博朗"，一直以品质出众、技术前瞻闻名，但是，它在进入中国市场后的表现却并不理想，占有的市场份额非常低，销量一直在低位徘徊。

这到底是为什么呢？JBP团队经过研究终于找到了答案："博朗"在中国市场的目标消费者和其在全球所推广的目标人群定位有着明显的差异。比如它旗下的剃须刀，在海外市场，这个产品一直是以高价位锁定高收入的目标人群，而在中国，对"博朗"剃须刀的认知度和好感度最高的却是处于事业初级阶段的年轻男性群体，这是"博朗"占领中国消费市场的最大阻碍。通过JBP的这一项目，宝洁及时调整了“博朗”在中国的消费者定位，取得了良好的效果。

这是宝洁走在时代前沿的最佳证明，它成功利用大数据分析，利用互联网的新传播方式巩固了自己在日化领域的地位。不过，这还不是宝洁利用大数据的最好证明，宝洁依靠大数据所推出的一系列营销方法，才是其深语互联网思维的最佳证明。

比如“寻找漂亮妈妈”，是宝洁将大数据与电商相结合的最成功案例。

妈妈的宝贝当了妈妈后，妈妈还宝贝吗？这是宝洁对消费者提出的一个疑问，也是它的一个营销口号。从怀孕到当妈妈，当女人的角色发生改变后，很多人在心底都会有些担心：自己还是家庭的焦点吗？自己还是不是让同事关注的美丽女人呢？自己的生活会不会因此而失衡呢？她们将这些担忧发布在网上或日志上，却不曾想因此引发了另一条关系链。

每天密切关注社交媒体的宝洁很快发现了妈妈们的心情，并通过数据挖掘发现，作为第一代的独生子女，与以往的妈妈们在心理上有很大的不同：她们很害怕家庭的焦点会转移到宝宝的身上，自己不再是家庭中的焦点，更害怕因为生孩子而失去同事们的赞美和关注。

通过这一数据挖掘，宝洁发现了其中的大商机。2012年9月，李震宇的团队在天猫、京东等平台上发起了一场“寻找漂亮妈妈”的网络评选活动，让年轻的妈妈们重新成为人群中的焦点。

李震宇的团队给出了以下的方案：

Who：2012年9月与天猫合作开展“寻找漂亮妈妈”的活动，发展到2014年的3月份，已经成功地与五大电商成功合作。

What：宝洁在大数据分析的启发下，有了一个非常有趣的发现——宝宝改变，不过是生活角色的改变，美丽还要加倍地坚持，为此，宝洁推出了“为了宝贝，宝贝自己，宝洁，让漂亮妈妈活出自己”的广告语。并通过与电商的合作，推出“寻找漂亮妈妈”的营销活动，该活动主要分为三大部分：第一，在电商平台上举行“寻找漂亮妈妈”的网络评选活动。第二，邀请专家坐镇，让专家针对这部分年轻妈妈从自身的美丽、宝宝的日常护理以及身心健康等多方面进行引导。第三，为这些年轻的妈妈提供相应的宝洁产品方案和促销优惠活动。

宝洁通过这样的创意活动将旗下不同的产品紧密地结合到一起。比如根据“宝贝自己”这句口号，宝洁可以向妈妈们推荐一些护肤品以及美发产品；“为了宝宝”，可以向其推荐帮宝适纸尿裤、舒肤佳等产品；“爱家庭”，则可以让妈妈们给爸爸们买剃须刀，或者汰渍、碧浪等除净产品。

这样的营销方式收到了非常好的效果，远远超出了李震宇之前的预想。在短短16天的活动中就完成了预期的销售额。另外，这个活动还成功地提高了两倍以上的客单价。李震宇告诉记者，这是宝洁基于妈妈消费者的社交媒体数据所做的一个洞察创意的应用。

通过SNS和搜索数据对消费者的洞察，宝洁将妈妈们还原为一个立体的人，并且将这种洞察放在宝洁产品里进行创意营销。这是大数据给宝洁带来的惊喜，也让宝洁的竞争对手无法模仿或超越。

现在的宝洁已成功摘下“央视标王”的桂冠，并且正致力于让宝洁成为一家基于大数据驱动的科技公司。大数据已渗透到宝洁的每一个部分：产品研发、产品包装、市场营销、专柜选址、会员服务以及广告投放等，还成功做出了以2012年伦敦奥运会“为母亲喝彩”为代表的一系列精彩案例。

2. 国双科技CEO祁国晟：既做大数据生意，又要做最“性感”公司

《哈佛商业评论》把数据科学家评为21世纪最性感的职业，这让很多人都感到疑惑：IT男什么时候与性感扯上了关系？国双科技董事长兼首席执行官祁国晟也在感慨：“在以前，数据一直是‘IT屌丝男’的精神家园，它从什么时候开始和‘性感’扯上关系了呢？”不过他在感慨之余，也有些激动。因为从自己创业至今，已经有7年的时间了，这7年他一直专

注于收集数据、处理数据和分析数据，现在总算是熬出头了。从近年的行业发展来看，国双科技正在以翻倍的速度增长。

思维投资对国双的首轮投资、诺基亚成长伙伴基金为其提供的运营资金等都是国双快速发展的证明。2011年，国双的销售收入增长了10倍以上，2012年也保持着同样的态势。这个7年前的冷门行业，现如今已经成为人人都爱的香饽饽。不过这样的成绩对于想成为21世纪最性感公司的国双来说还是不够的，因为从“蓝海”到“红海”，机会越来越多，面临的挑战也越来越大。

《哈佛商业评论》把数据科学家评为21世纪最性感的职业一点都不过分，奥巴马更是这一称号的最佳说客。2012年11月6日，奥巴马击败罗姆尼再次当选美国总统。在他担任总统之前的70年历史中，没有一个人能在全国失业率高达7.4%的情况下成功连任，而让他成为美国历史第一人的就是大数据。奥巴马的数据挖掘团队一直在搜集、分析和储存庞大的数据，这些数据为他筹得了10亿美金，为其制定了精准的广告购买决策，比罗姆尼少花了1亿美金的竞选资金，甚至还动用了Facebook来组织投票活动。这个实例让很多对大数据价值还保持怀疑态度的人改变了观念，而且不止奥巴马，这样的案例还在不断地发生着。目前，大数据已然成为最值钱的产品。

其实现在的情况，祁国晟在创业之初就已经预料到了，只是它必须熬过最初的几个年头才能成熟，因此，祁国晟当年“壮士断腕”般地放弃了公司最能赚钱的外包业务。即使在最艰难的时候，祁国晟也没有放弃自己的信念，因为他非常明确市场的刚性需求。他告诉记者：“由于互联网的快速发展，数据量已经无法通过传统的数据库方法处理，即使硬件一步步地升级，处理数据的速度也无法赶上数据产生的速度。即使用户可以买来解决方案，也解决不了用户对数据挖掘的深度和量级的需求，这才是大数据产业真正要解决的课题。”

而这个原因，祁国晟也认真地思考过，他认为这也是国双这条“小船”能在“红海”中挑战众多IT巨头的底气。国双自数字媒体产业兴起后就一直专注做有关大数据的工作，既有经验，也有成熟的案例，日后的发展优势也会越来越明显。在祁国晟看来，大数据的价值主要在于数据的集中和分析能力，在于能否针对客户的需求做出快速、有效的回复并满足他们的需求，而这并不是买来别人的工具就可以实现的，这也是国双科技在大数据市场上拥有的独特的、难以复制的优势。

国双科技发展至今，为用户提供的服务包括长期行为追踪、搜索营销、用户体验优化、广告量化、运营商数据分析、无线解决方案、网络电视台解决方案、政府电子政务等，而其中最核心的服务是数据分析。通过搜索引擎优化、用户体验优化、搜索引擎营销等方式，帮助用户最终把数据变成生意。

国双科技服务的客户大多是全球500强企业。究其原因，是大企业的机构更成熟、架构更完善，对精细化运营的要求也比一般的企业要高。这就造成了他们对大数据的强大依赖性，所以更加容易接受国双科技的服务。而多数中小企业都处于跑马圈地的阶段，企业运营的最高优先级并不是精细化，而是快速发展、攻下大部分的市场份额，所以他们对于数据的依赖性也就没有那么强。因此对于传统的中小企业，国双科技还没有推出专门的产品或解决方案。

祁国晟认为，现在市场的培育才是公司面临的最大挑战。虽然像国双这种类型的第三方数据公司有解读大数据的能力，但是很多中小企业和本地企业并不认可，他们认为把数据交给别人不安全。但实际上，早在5年前国双就开始为中小企业提供SaaS（软件即服务）服务了，企业可以把这个系统装在自己的防火墙后边，国双不掌握企业的核心数据。即使不采用国双的系统而只购买他们的服务，用户也可以自由选择国双的技术和自身数据对接的紧密程度。另外，许多企业对数据应用的了解也非常有限，即使掌握了大数据分析和挖掘后的结果，也不知道怎样利用它去创造价值。

提起这些挑战，祁国晟并没有产生浮躁感，而是将之归结为“公司做的是木本生意而不是草本生意”，他们甚至推掉了许多送上门的生意。“一岁一枯荣”的草本生意不是国双的目标，国双不做“一锤子买卖”。

如果客户足够成熟，国双更希望客户能购买自己的产品或计算能力，而不是那种端到端的解决方案服务。因为买软件和计算能力可以给客户最大的自由度，也能使其真正地成长，但祁国晟的这个希望目前还有些理想化。

大数据现在如此的火热，那么该如何跨平台采集数据？大数据对营销的价值又是什么？这是很多人的疑问。

祁国晟认为大数据问题有两大方面：一是数据多到一定量级或者对它的分析发展到一定的程度；二是对这些数据有一个非常复杂的管理需求。只有面临着这两种情况，才能成为一个大数据问题。

现在的企业都希望把大数据做到最精准，以前按照百万量级去度量效果，而现在只要10块、20块的就足够了。以前是电视或者线下媒体时代，而现在是数字媒体时代。每一个营销的过程都可以被跟踪，分析后就成了数据。所以是它让整个营销过程变得更加透明、更加可控制，这就是大数据对于营销的价值。

做跨平台数据收集必须要有可衔接的东西，例如，二维码。有的人在线上促销拿到一个折扣券到线下去使用，这时就可以把这个行为做应对。对于用户长期的营销过程来讲，每一个客户都在CRM系统存在过，可以找到任何一个手机、邮件地址，但这个手机和邮件地址一定是经过特殊技术处理的，国双无法知道这个地址是什么，但是它代表着一个独特的字段。通过这样的信息衔接起来，数据就可以得到汇总。

国双旗下有一种产品是做搜索引擎的优化，这种产品是最能体现大数据的价值的。这种产品非常好用，比传统的方式更便捷，排序、筛选等一系列动作都很简单，就像是维护一个电子产品一样，轻而易举就把广告维护好了。

大数据还可以用来衡量广告的效果。以前企业想要知道广告的效果，都是先做一个媒介购买的计划，定义一个广告目标的受众人群，如果这个广告发布后能达到70%的覆盖率，就说明这个广告很好。而现在在互联网上的很多广告都能直接产生效果，之后就会变为转化率。但这个效果是一刀切的，也不是非常的准确。而大数据则可以把这两方面的优点结合起来，将眼光放在更大事件的节点，把更多的加权因素放进去，从而使广告变得更有价值、更准确。

Chapter 4

增值服务模式

先圈用户，再圈钱

开放和分享，是互联网发展的原动力，也是互联网精神的核心，围绕这个核心展开的互联网经济是“免费”模式的繁荣，但互联网在长期免费之下所面临的是企业的盈利窘境。

互联网传统的收费模式有三种：内置广告、收费应用和应用购买。随着平台用户数量的持续增加，用户对差异化服务的需求也越来越大，所以许多平台商开始逐步地探索新的收费模式。

那么怎样才能符合用户的需求，既不让用户受损失，也能让企业继续盈利呢？互联网推出的一套新的经营方式打破了企业的盈利窘境——免费+增值服务模式。即基础部分免费，以供绝大部分用户使用，同时推出一系列的增值服务，以满足少量用户的特殊需求，也使企业得以盈利。

区分基础服务与增值服务，按需求收费，这种全新的模式让越来越多的互联网免费产品开始盈利。

在如今的互联网时代，中国企业面临着诸多困境，他们需要用一种新的思维方式打破传统观念的束缚，例如，用互联网思维、互联网中的跨界思维、互联网的增值服务思维，等等。

1. 增值服务思维：在特殊人群中做特殊服务

互联网思维是一种免费思维，想要做好企业就要学会互联网的免费思维。免费是互联网的主基调，现在许多厂家在做硬件时其实都引进了这个思想："成本价出，不挣钱"。比如联通的合约机模式，交服务费就送硬件。但是做企业不是做慈善，如果都免费，那企业主还靠什么盈利?

其实免费模式的背后是互联网时代供应的充盈性，如果世界上只有一个搜索引擎，或者只有一种交流工具，那么它们永远不可能使用免费模式。

从雨水、自来水，到瓶装水，价格永远是跟随着稀缺性而波动的。互联网时代的免费模式之所以会如此丰富，与供应能力的充足是分不开的，无论哪个行业都是如此。所以，只有学会免费思维中的增值服务思维，才能让企业在被免费充斥的互联网商业世界中获利。

免费模式最典型的模式是利用免费的基础功能快速聚集人气、沉淀用户并牢牢地抓住用户，然后通过增值部分收费。

增值部分服务，实际上是一种差异化服务，因为对于大多数人来说，企业所推出的产品中所包含的基础功能就已经能满足他们的日常需要了。但每个人都是一个独立的个体，他们都有自己独特的思想，有自己不同的需要，对于产品功能的要求自然也不一样，在这种情况下就产生了增值服务模式。这就如同在车站等车，大部分人都选择在普通的候车室中等车，这是免费的；但有一些人对出行的品质要求比较高，他们就会去收费的茶室或餐厅，边喝、边吃东西边等车。可是将茶室扩建到普通的候车室那么大又是没有必要的，因为并不是每个人都需要收费茶室。这就是所说的增值服务思维——在特殊人群中做特殊服务，而想要进入茶室等车的人，就属于特殊人群。

哪怕只需要免费基础功能的用户达到了99%，那剩下的1%也足以支撑起整个业务。

自从互联网出现之日起，“免费”与“盈利”之间的关系就如同一枚硬币的两面，始终形影不离但却永远不能相逢，而作为“免费”与“盈利”之间的桥梁，增值服务自然而然地成为了互联网人眼中的焦点。

与传统的广告收入相比，增值服务不太容易获得消费者的认可。事实上，在那些公众所熟知的免费产品中，增值服务依然有着非常广阔的发展空间，能够为企业创造千万价值。增值服务是互联网企业最重要的一笔收入，比如腾讯QQ是免费的，但是却在上面增加了黄钻会员、Q秀会员、游戏会员等诸如此类的增值服务项目。又比如360软件是免费的，但它却通过导航的流量收费。而淘宝和百度也一样，都是通过搜索排名收费。所以说，企业想要盈利，都是先依靠免费积累大量用户，然后做增值服务收费，接着再继续寻找相同的盈利模式。这就是典型的互联网免费思维和增值服务思维。

这种模式的案例非常多，比如，我们经常用的下载工具迅雷就是一个非常典型的例子。

迅雷作为国内相对流行的下载工具，用户可以直接从网上下载使用，并自行安装，免费使用迅雷下载服务。使用迅雷下载比普通的下载方式要快得多，而迅雷这一快捷功能对于绝大多数用户来说就已经足够了。自2003年迅雷创立以来，就依靠这一免费模式积累了大量的用户。

2009年，迅雷因免费模式拥有了数亿的忠实用户之后，开始推出会员制，提供差异化的增值服务，以此来收费盈利。这个会员制的功能包括：普通会员可以自己去做广告、用定量的高速下载通道和离线空间等；白金会员可享受到迅雷的云播服务，在线观看BT种子，还可在高速通道拥有1000GB/月的下载流量；钻石会员则可以使用手机迅雷高速通道加快下载速度，等等。这三种会员的年费分别是99元、149元、250元，截止到2010年，迅雷付费会员的人数已经突破了100万。

根据2012年10月底迅雷公司收集的数据显示，迅雷的营收连续三年都有近100%的增长，全国的用户覆盖率达到了70%，月覆盖用户达到了3.7亿，付费会员达到了350万。

2009～2011年，迅雷分别实现了约1.6亿元、2.7亿元、5.56亿元的盈利，2012年的同比增长率依然保持往年的记录。

2013年，一直称霸下载行业的迅雷公司，又与深圳市百分之百科技数码有限公司联手合作，为迅雷会员推出了一款定制手机——迅雷会员100+雷鸟手机。在互联网企业纷纷涉足手机行业的情况下，迅雷发布的这款手机迅速引起了业界的关注和猜想。

迅雷会员为什么要推出这款手机？众所周知，迅雷依靠自身极其强大的云加速技术在行业内称王称霸，在下载领域内已无人能敌，而在此基础上推出的会员增值技术也是迅雷公司一笔重要的收入来源。随着科技的发展，从传统端向移动端拓展已成为迅雷的当务之急，所以迅雷此番推出雷鸟手机的最终目的，是依靠互联网手机为载体，嵌入具有强大优势的云加速技术，将增值服务拓展到移动端。

除了大众耳熟能详的会员增值服务外，迅雷会员还可以跨端体验迅雷应用汇，登录迅雷官方网站后，可免费领取各种时下流行的其他会员服务，如陌陌会员、印象笔记、优米网、国美在线会员等。雷鸟手机的推出进一步丰富了其增值服务的内容，而且迅雷为会员量身打造的优惠应用生态系统也让人眼前一亮。迅雷借助雷鸟手机，依托迅雷应用户产品，将增值服务中提供的会员享受扩展到了最大化，而这一优惠和享受的最大化也迅速带动了迅雷会员人数的增长。

奇虎360的董事长周鸿炜在谈到互联网思维时，再三强调了免费的重要性。在他看来，许多互联网企业巨头都是免费的，互联网本身就代表着一种免费的精神。通过免费服务模式来获取一定的用户基础，再通过这些用户基础转化出新的利润来源，而他所认为的互联网盈利模式就是增值服务模式。目前，腾讯是将这种服务模式做得最好的一个。当一个产品的用户基数足够大之后，就可以推出一些具有针对性且个性化的增值服务模式，至此，企业的盈利模式就开始启动了。

2. 会跨界思维，才能形成“高富帅”的增值服务模式

商场唯一不变的法则就是变化，企业自身、竞争者以及顾客的需求等都是处在不断的变化当中的，所以不管身在哪个行业都只能以变应变，持续创新。跨界策划，就是一种突破惯例且行之有效的“以变应变”之道。

在互联网时代，中国企业面临着许多困境，在他们探索解决之道时就会发现，他们需要的是新思维、新方法，例如，互联网思维、互联网跨界思维、互联网增值服务思维。

跨界思维，是一种新型的策划理念与思维模式，通过嫁接其他行业的价值对企业进行创新改造，制定全新的企业和品牌发展战略战术，让原本毫无关系甚至相互矛盾的行业相互渗透、相互融合，从而在融合的过程中碰撞出新的火花，创造出商业奇迹。

跨界思维主要有三个特点：第一，跨界思维属于一种外向型思维，其属性就是外向，即更愿意到外面的世界开辟出一片新的天地。按照传统思路，云南白药做牙膏就是“用鸡蛋砸石头”的不自量力行为。不过云南白药因为拥有正确的跨界思维，所以成功地实现了产业跨界，仅用了短短7年的时间，就实现了从3000万元到30多亿元的跨界崛起奇迹，让整个商界都为之震撼!

第二，跨界思维是“三只眼睛”的全新思维模式，同时也是一种多向性思维的策划。在商场中有很多企业都将这种思维模式做到了极致。比如，娃哈哈杏仁青稞粥，跳出了传统的“八宝粥”范围，开启了一种“清新平衡”的全新诉求，开创出了新一代健康方便食品；今麦郎则完成了从弹面到直面的转变，并且带动了全线的产品，总销量突破了100亿元的大关。

这些成功的案例表明，在今天的市场中，许多问题都不是一两只眼就能找出方向的，要想成功跨界，企业主就要拥有“第三只眼”。

第三，跨界思维更具有综合性。跨界思维涉及多行业、多领域、多文化，所以更具有综合性，需要实现由多到一的融合创新。在这个前提下，对跨界思维者的要求就会更高，他们必须具备多行业、多文化、多领域的营销策划能力。简单地说，如果按照传统流通产品的运作模式来做，娃哈哈爱迪生奶粉进军高端奶粉行业显然是不太可能的。但娃哈哈爱迪生奶粉却凭借跨界思维获得了成功，并向着年销售量100亿元的目标迈进。

新时代下的跨界思维，是综合性、多角度、外向性的策划思维，是一种符合大时代潮流的、能够将企业带出困境的整合营销思维模式，每个遇到瓶颈或是想要获得更大成功的品牌企业，都需要具备这种跨界思维模式。

“跨界”，在2013年成为了中国互联网发展的热门词语。做互联网的阿里巴巴做起了金融，卖起了保险；做视频网站的卖起了电视机，而卖电视的也玩起了互联网。

在迈向大互联的今天，跨界已经成为一种必然的趋势。互联网发展带来的跨界现象，可以分为三个层面：

第一，产业层面。虚拟经济与实体经济互相地融合渗透平台型生态系统的商业模式。例如，外界很难定义阿里巴巴是什么类型的公司，因为它包含了许多东西，甚至在近日花十几亿元买下了恒大足球50%的股权，玩起了足球。

第二，组织层面。互联网的发展使专业化分工变得越来越明显，“虚拟化组织”的迅速发展让传统组织管理面临着新的挑战，组织边界越发的模糊。

第三，跨界式人才。在互联网时代，信息量的爆发以及传播方式的普及，使许多人不得不主动或被动地进行跨界知识储备。这些两栖人才成为了许多企业竞相邀请的对象。

跨界竞争，势必会让原有的商业秩序进行重新洗牌，掀起一场卡位战。如果你不先跨界，那么别人就会先下手为强，先过来打劫你；你不跨界，别人就会让你“出轨”！

互联网的跨界颠覆在本质上是高效率整合低效率。由于信息量的爆发以及传播方式的变革，一切不对称的信息都将被颠覆。互联网之所以能颠覆传统行业，是因为互联网企业从工具到思维，从产品到人才都比传统企业的效率要高得多。

比如，传统教育行业新东方正面临着巨大的危机——新东方至今还在以非常传统的模式经营。在信息不对称的环境中，数千元的课程可以瞬间人满为患，但是在互联网可以快速提高培训效率的时候，谁还会选择这种模式？新东方现在最要警惕的对手就是沪江网。

在别人收费的地方免费，在免费的基础上添加增值服务，这是非常典型的打破现有格局及传统利益分配的方式。原来的硬件厂商都是通过硬件销售来获得利润，比如手机、电视行业。但在小米、乐视进入这个行业后，大家就换了一种玩法，不在硬件上挣钱，而是把用户引导到自建成的一个网络生态系统中，通过多样化的增值服务来黏住客户并形成消费，用户可以在一个生态系统中享受到各种各样的服务。可见，用跨界的思维做增值服务，才是最行之有效的“高富帅”增值服务。

在中国互联网界，乐视一直属于行事低调、剑走偏锋的类型。那么乐视为何会有如此的定位呢？这得归功于乐视网创始人贾跃亭，他一直在不断地探索前进，期待能完成自己的蓝图：实现收费和免费同步进行的视频网站；保证影视剧版权库的丰富优质以及自制的乐视内容；乐视影业在内容上的制作以及发行；大力推出乐视TV·超级电视和乐视盒子，并通过各种手段全面实现对终端的控制；拥有网酒网电商平台、乐视致新电商平台等一系列的生态产业链。

乐视最重要的一个发展策略就是跨界创新，包括硬件和技术的不断更新、体验与营销模式的创新以及盈利模式的改变。乐视的产业链看似复杂多样，其实本质上非常简单，就是从内容版权销售走到智能电视领域。简单地说，就是内容是基础，应用为增值服务，智能的电视终端只是为了保证用户能拥有最佳的体验。

乐视网最初也只是个视频网站，与其他网站没有什么不同，买进版权，提高流量，吸引广告商，但2014年乐视网却跨界玩起了电商，并逐渐往多方向、多行业发展，例如乐视电视。依靠乐视此前拥有的庞大用户基础，乐视网推出的乐视盒子受到了广大用户的欢迎，免费基础上的增值服务效果在此得到了最佳的体现。又譬如在2013年6月，乐视影业与《小时代》的出品方和发行方展开合作，互联网资源与传统院线资源的强强联合，实现了从线上到线下全方位的观影及增值服务并形成宣传矩形，这也是乐视增值服务的最佳体现。

乐视网从视频网站跨界到电视硬件领域的另一个重要原因，是近年来传统电视机的开机率一直在下降，年轻人的时间已经向电脑以及手机方向转移，乐视针对这一现象，在跨界硬件领域推出了超级电视，为年轻人提供大屏超酷的流畅高清的极致电视观赏体验，并配置了游戏、娱乐、生活、工具等应用软件。

“跨界——我从网络来”是乐视网的标语，甚至可以说是整个视频产业的标语。不止乐视开启了跨界创新的尝试，三星也开始为微电影的制片方推出系列作品，而传统的影视公司也开始与视频、网络文学网站进行合作，打造从影视内容生产制作到播出的O2O联合推广模式。

3. 增值服务就是“既是做生意，更是做人情”

在互联网时代，企业的盈利模式发生了巨大的改变，赚钱的方式不单是靠卖产品，还可以从关注用户的体验中改变方式，从服务和平台中赚钱。免费模式已经是大势所趋，成为一种终极商业模式，而且这种模式的普及速度非常快，现如今的很多用户已经习惯了这种模式，所以想要摒弃也很难，而一旦操作不当就会造成巨大的损失。

比如马化腾在QQ免费已经成为大众习惯的时候，为了企业能多盈利选择了收费，结果致使许多用户放弃了QQ而转投其他交友工具。后来马化腾宣告这一收费停止，才制止了用户的大量流失。但经营企业的目的就是为了盈利，而腾讯QQ又是免费的服务，那在这种情况下腾讯要如何盈利呢？这就要积累在免费用户的基础上所建立起来的增值服务。例如，腾讯游戏、QQ秀、黄钻等。

互联网思维中的增值服务还包含着另一种含义：增值服务既是做生意，也是做人情。

企业的利润来自客户资源的保持和不断拓展，所以说维持老客户并赢得新客户是企业不断盈利的基础，而“人情”则是企业在产品上做增值服务的一个出发点。

在做增值服务的人情关系中，基本上是呈现正作用力与反作用力的交换运行。也就是说，你以什么样的态度对别人，别人就以什么样的态度对你。

好的产品、好的增值服务才能让生意中的朋友关系日渐稳固。服务中的每一个点都要当作大事件来落实；会损害形象的，哪怕只是一点点的小细节，都不能当作小事而置之不理。即使客户不懂，也绝不能欺骗，而且还要不断地与客户进行沟通，时时把握客户的需求，为他们量身定制新服务，捕捉新的商机。

在与客户长期的接触当中，交易、交心，然后成为朋友，最后将客户变成忠实的用户。在发展成用户的过程中，有些企业主会把朋友视为理所当然的客户，从而不像以前那样全心全意地提供服务。这样客户就会感觉到对他的懈怠感，但是为了维持彼此之间的友谊，他们很少把自己的不满和失望迅速反馈给对方，而是选择继续让情况恶化下去，久而久之，企业不但不能因为友谊而让客户变为忠实的用户，反而会导致客户的流失。所以无论做什么生意，都必须背负一种责任感，把握好与客户之间关系的尺度，维持好客户的忠诚度，这样才能为企业带来效益。

人情不在礼重，你提供的增值服务能打进客户的心里，这比什么都重要。如果你提供的增值服务对客户来说没有什么用处，那么即使你投资再大，客户也不会对你满意。与客户成为朋友不是以金钱为手段，而是以打动为基础，即使是一张小小的贺卡，一句小小的祝福，只要客户感受到了你的真心，你就算迈出了与他建立用户关系的第一步。

现在大家都在说互联网思维，那么到底什么是真正的互联网思维呢？什么又是互联网思维中的增值服务呢？上面所说的腾讯、阿里都是大案例，那么怎样才能将这种思维运用到普通的创业过程中呢？

互联网思维是指充分利用互联网的精神、价值、方法、规则等来指导、处理、创新自己的思维方式。钛媒体的作者土妖讲述了一个关于他表弟的创业故事，从中就可以看到蕴藏在普通百姓中的互联网思维。

土妖的表弟在江苏省泰州市姜堰区的一个农贸市场内经营着一家小餐馆，餐馆的面积只有五十多平方米，别看面积小，地点也不是什么高档区域，但这家餐馆的年收入却达到了120万元。

“少即是多——我的小餐馆只卖25种菜”，这是餐馆老板的经营宗旨。在那个农贸市场中，类似的小餐馆就有十几家，而每一家小炒的菜式都达到了50多种，有些甚至达到了百八十种，但是他的小餐馆只卖25种。

很多人都在疑问为什么他只卖25种菜？这样不是流失了很多的客户吗？餐馆老板透露了他这样做的原因：第一，他的餐馆所推出的这25种菜基本上覆盖了消费者80%的日常点菜种类；第二，把菜品的种类减少有利于采购，还能因为量大而获得额外的优惠；第三，对于厨师来说，炒菜能轻松点，而长时间炒这25种菜，自然能熟能生巧，不仅炒出来的味道更好，上菜的速度也更快；第四，这25种菜基本上都是西红柿鸡蛋、醋熘土豆丝、小炒肉等同一个阶层的菜，档次的统一能让每一个进店的消费者减少压力；第五，“规模采购”能让每一样菜品都比周边的店便宜上一两块钱，消费者也会因为价格因素选择这家餐馆。

“免费只是诱饵，有舍才有得”，这是这家餐馆的经营策略之一。在菜品价格比其他小店便宜的同时，这家餐馆还有其他店没有的免费食品——一碟腌萝卜、一小碟花生米、一碗小米粥或鸡蛋汤。虽然送给客户这么多免费的食品，但每天下来也只有三十多元的成本。然而这小小的三十几块钱却可以给顾客带来美好的体验：一分钱都没花，桌上就有三四样食品，这让人感觉特别舒服。而这三十几块钱的花费，只要多来三四个客人就能弥补。

“面子比天大，一定要给足”，餐馆老板还能站在客户的角度，为客户着想，兜售体验感。在他看来，虽然自己经营的只是一个随处可见的普通小店，但是走进餐馆的每一位顾客都是上帝，不仅要为他们提供可口的饭菜、免费的食物，更要给足他们面子。除了要热情和眼疾手快外，还有更为重要的两点：第一是在过了饭点后，向进店的客人发根烟。餐馆老板的口袋里每天都会放上三种烟，10块钱的白沙和红双喜，还有15块钱的利群——客人进店后可以根据客人的档次发烟。第二是当有熟人请客吃饭时，送上两瓶免费的啤酒或是一份凉菜和炒菜。虽然花的钱不多，但是却让做东的顾客很有面子，这样只要他们以后要请客，这个餐馆肯定是选择之一。

“数字简单好记，并且不容易出错”，这是餐馆老板为店内送餐制定的方法。只要点够30元，就可在方圆2公里内免费送餐。为了提升送餐速度，餐馆老板根据顾客消费的频率和金额，把顾客按照数字序列进行了编排，米饭则是默认为一个菜一碗饭。这种编号化、数字化的模式不仅能减少沟通过程中的错误，还能提升送餐的效率。后来餐馆老板用微信订餐取代了电话订餐，顾客只要在微信群中说“16号，订餐2、9”，店员就知道要送给谁，送到哪里去，而且微信还有记录功能，在不确定的情况下还可查看聊天记录，这就大大减少了餐馆犯错的频率。

为什么要把客户组建到一个群中呢？因为餐馆老板考虑到吃饭也会有跟风的现象，一个人订了，其他人也会跟着订。

“增值服务：既是做生意，更是做人情”，这是这家餐馆能年收入过百万的最重要原因。餐馆旁边有一个幼儿园和两个不小的小区，幼儿园每天下午4点就放学，但是许多父母要下午5点以后才能下班，中间的这一个多小时成为了许多家长的烦恼。为此，餐馆老板在饭店二楼自己居住的客厅移出一块地方，布置成“翻斗乐”，让孩子们在里面玩耍。餐馆老板的热情受到了许多家长的欢迎，许多周边的家长有事时都会将孩子寄放在这里一两个小时。最重要的一点是老板的这项举动完全是免费服务，他自己也认为这是小事一件，没什么可提的，但是很多家长在接孩子时会顺便把午饭或晚饭吃了，或者是直接打包，有的即使不想在外面吃饭，也会多少消费一点。这就在无形中为餐馆增加了一批忠实顾客。

4. 互联网思维下的产品和服务是一个有机的生命

创业者在所从事的工作中殚精竭虑，不过是为了一个简单的目标——对用户需求的探索。用户的需求就像一个黑匣子，不打开它，不去研究它，根本不知道里面装了多少千奇百怪的东西。

有些产品可以让用户一见钟情，喜爱不已，但有些产品虽然也很优秀，但却无法引起用户内心深处对它的共鸣，致使用户只是匆匆看过一眼便离开了。

许多商家会在自己店铺显眼的位置上供着陶朱公或者关公的神像，每天开门做生意前烧香焚拜一番，让神佛保佑自己生意兴隆，而也有许多企业家迷信风水对企业经营的影响。其实商家这种行为也不能全说成是迷信，这种行为根本的动机是对神秘莫测的消费者需求的敬畏感。在过去，人们都认为营销才是打开消费者之门的钥匙，产品之所以会滞销，是因为缺少一句打动人心的广告语，或是因为广告的预算不够大，甚至将原因归结于市场人员的推广不力。

于是，商家开始花大笔的资金在大众媒体上投放广告，制作大量的优惠券和打折信息。诸如此类的营销手段有时确实能发挥大作用，并为企业带来短期的利益。但是时代在前进，商业模式也在不断地变革，今天的大众媒体已经无法和过去一样拥有绝对的权威地位，现在它们已经没有能力通过广告来引领消费者的需求，在市场上制造热销产品。

在这个消费者占主权的时代，市场的真正需求与这些手段并没有多少关联性。真正的需求只是关乎人，关乎人性因素中与其他因素相关联的产物，甚至与人性中不好的一面——恐惧、贪婪和懒惰相关联。所以，一个极致产品的设计者，通常都是一个有天才般才能的社会学家和心理学家，他们对社会生活以及人性有着敏锐的洞察力。

人性非常复杂，它和我们的希望、失望、痛苦、快乐等一系列错综复杂的情绪相关，同时它也是非理性的，所以世界上没有一种“正确”的手段可以安抚人性中的种种情绪，它只会呈现出隐隐约约的相关性。所以商家在探索消费者需求的时候，很多时候都是知其然而不知其所以然。

很少有人能未卜先知地知道用户的需求是什么，也很少有产品一经推出就能一炮而红、广受欢迎——不是人人都能成为乔布斯。如果说有一种方法能够知道用户的需求是什么，那就是不断地测试，即对用户的需求不断地进行测试，直至产品的特性能满足用户的需求。

即使企业已经找到了用户的需求，并把它简化成了一个“痛点”，但也还是需要通过对产品的不断迭代开发来应对用户的需求变化。比如微信一年更新了44次，小米手机的操作系统甚至每周更新一次。这些都是为了使产品更加接近消费者的需求，使消费者的体验变得更加完美。

世界上根本没有能一劳永逸的产品，更没有所谓的正确产品，在互联网的时代，服务和产品都是一个有机的生命体，需要不断地发展变化。成功的产品就像一场蝶变，在蜕变的风暴中越显完美。

互联网思维下的产品与服务就像一颗萌芽的种子，在消费者需求的不断变化中成长，最后成长为一棵参天大树。产品与服务要想成长为一个有机生命体，最重要的一点就是专注，在专注的基础上去设计产品，去设计产品的增值服务。

专注就是做到极简。从专注产品，到专注商业模式，企业在不同阶段所专注的点肯定不同。“只有极简，方能不被超越”，这是微信团队的设计原则，也是乔布斯的原则，其实更应该是所有产品的设计原则。极简不代表简陋，而是精益求精，将最好的东西浓缩在一起。极简的背后是终极的复杂。一个好的产品就是将复杂的解决方案隐藏在极简的背后，让用户得到最好的体验。

“互联网思维在以横扫一切的姿态袭来，传统企业若不积极拥抱互联网，或用互联网思维经营自己的产业，那么将逐渐淹没在时代的浪潮中。”贡一汇米行的相关负责人表示。作为中国珍稀谷物运营商，贡一汇一直是行业里的领头羊。它牢牢地把握住了客户的需求，在全国各地开设分行。希望能全力传承发展中国的珍稀谷物，也希望能为消费者带来一站式购物的便捷，让消费者得到更多直接体验产品的机会。

渐渐衰退的米行已经引发了消费者的担忧。现在大多数人购买谷物都是选择去超市或者传统菜市场，然而集贸市场的谷物质量参差不齐，而超市里的米也没有以前传统米行的味道。有些消费者表示，如果现在还有昔日的江南米行，他们还是会选择去米行购买。在国内，即使有些地方还保留着米行，大多数也成了旅游景点，已经很少有像贡一汇这样拥有高品质谷物的米行了。

为了满足更多消费者的需求，贡一汇米行在全国各地都开设了连锁店。它用传统思维打破昔日米行的局限性，使其具有新时代的特征，增加了消费者购买优质谷物的渠道，而且它是中国第一家珍稀谷物连锁加盟机构，也是在互联网思维推动下的一场传统米业的革命。

贡一汇米行大连店掌门人认为，互联网思维与传统的工业思维最大的区别就在于它是一种用户至上的思维，是为用户量身定制的增值服务思维。在互联网这个消费者主权的时代，用户至上思维、增值服务思维是企业生存的根本。所以，O2O是贡一汇米行日后的一个发展方向。

几千年来，中国人一直都遵循着“民以食为天，食以安为先”的传统古训，但是在现在，食品安全问题越来越严重。贡一汇米行对谷物的选择有着严苛的标准，聚集了五十多款古老珍稀谷物，所选的谷物不但拥有悠久的纳贡史，而且都是用古法种植的。贡一汇米行是以“基地整合+稀缺性+预售直供”的模式来经营米行的，以保证食品的安全可控性和纯正品质。为了提高消费者购物的便捷性，贡一汇米行采用了“专卖店会员卡+会员私家定制服务”的一站式购物模式。此外，贡一汇还为消费者提供了更加健康、更加环保的生活方式。

5. 互联网思维下的产品自带了媒体属性

产品不是死物，产品是会说话的。当产品做到极致时，就会表现出极强的媒体属性。Google Glass、特斯拉电动车都属于这种自带媒体属性的产品。无须进行任何的广告宣传，产品一出来，即使有时候还停留在原型阶段，就能吸引到无数的眼光，曝光不断，让消费者万分期待。

那么，什么样的产品才能算极致产品呢？极致产品本身功能齐全，完全符合消费者心目中的期待，只要见过用过的人都说好，一传十，十传百，根本就不用企业自己去宣传——这就是极致产品。

但极致并不是颠覆，颠覆是一件非常困难的事情，而且很多时候需要掌握很多的东西，做好极其充分的准备才可能实现。极致则是将一件复杂的事情变得简单。而产品一旦变得极致了，自身就会带有极强的传播属性，用户一传十，十传百，奔走相告，此时产品的价值就不单单只是功能，而是同时兼具了媒体的属性。

如果说产品的极致是反映在产品的功能方面，那么产品给人的情感体验则更需要产品中带有人文内涵。一个产品如果在功能之外还能取得用户情感上的认同，就等于有了自传播的可能，这就是媒体属性。

产品通常承载着两方面的内容——功能和情感，无论企业用心往哪方面做下去，都能激发出耀眼的媒体属性。

在网上流传着这样一个段子：在某个酒品会上，一男子喝多了开始耍宝，说某位当红的女明星是他的女朋友，而其他人自然不信，但是他说用微信呼叫一下这位女明星，她马上就能给他回复。说着他真的在现场给这位女明星发了一条微信，不一会儿，这位女明星果然给他回了一条6秒的语音，他得意地向哥们儿展示，没想到真把这群人给唬住了。

其实仔细想一想就能知道，他不过是加了这位女明星的微信公众号，这个语音回复是自动设置而成的，无论他发送什么消息，收到的都是同样的内容。这位女明星是最早使用微信公众号的明星之一，靠着这个6秒的语音自动回复，不知网罗了多少粉丝。

如果把这个微信公众号看成一个产品，那它无疑是最佳的自带媒体属性的产品，尤其是这6秒的语音，在网上一搜，就能发现谈论这个的大有人在。对于“屌丝”而言，对于明星的印象都是高不可攀的，如果突然有一位美女明星给你发一段语音，而且是用日常的腔调，那无疑会让人欣喜不已。这位女明星就是抓住了普通影迷心中希望被爱、虚荣、喜欢恶搞的情感，让这6秒的语音得以迅速传播开来。

产品身上的情感体验，不单可以来自产品本身的功能，也可以来自产品的品牌定位。情感体验是由产品的功能和品牌的定位结合在一起产生的，还有一些情感是可以借助某个事件传播开来的。

比如“51信用卡管家”一次非常有爱的推广。51信用卡管家是一款关于信用卡账单管理的应用。它成功地利用微博这个交流平台，凭借一个有爱的故事，以几乎零成本的形式，达到了一个非常有效的传播效果。

51信用卡管家在微博上发了一段文字，这段文字虽然非常简单，但却完整地表达了一个关于爱的故事：“看了闺蜜的手机，突然就感觉到想嫁人了，这是她老公出差前帮她设置的……”微博上所配的图片也非常简单，是一张iPhone手机桌面的截图，“老公”在出差前，为“老婆”下载了各种应用，还细心地做了归类。例如，在你爱玩的游戏中就有切水果等多种休闲游戏，其他的归类则包括你爱吃的菜、你爱看的书、你喜欢的电视剧等。文案加上配图，真挚且清晰地传达了一个关于爱的故事。

这个关于爱的故事瞬间戳中了人们的泪点，尤其是一些女性网友更是为之感动。她们能感同身受，一时间沉浸在各种幻想之中。这条微博在50小时内被曝光了500万次，转发频次超过60000次，评论则超过了6000条。

很多人都在为这个故事感动着，但却很少有人发现，这其实是一条营销微博，在那些感人的归类中，有几个应用被单独放置着，其中就有51账单应用。它存在的位置非常显眼，但又让人觉得不是刻意为之，于是网民在不知不觉中就知道了有一个这样的应用。在很短的时间内，这款产品在生活类APP的排行榜中就跃至了第37位。

虽然产品本身就带有媒体属性，但这种属性的强弱完全取决于该产品的功能以及所承载的情感体验。而且产品本身是会说话的，如果将功能或体验做到了极致，就能让这个产品爆发出巨大的威力。类似于51账单管家的案例还有很多，比如淘宝店南食召用货架上纯正手工生产的温州瑞安特产沙面、紫菜等，让很多身在外乡的温州人感受到了温暖和家乡的味道。从产品上线到产品爆仓只花了半个月的时间，可见产品属性自身的传播力量，要比传统的营销广告好上千百倍。

媒介即是信息，所以，不管是不是极致的产品或服务，其背后都隐藏着大量的信息。也就是说，每一种产品其实都是作为一种媒介而存在的，至于它是否能形成传播，以及形成的传播范围有多广，这就取决于以上所说的功能和情感了。

好用、价格实惠、方便省事等是产品必备的功能，但光有这些还成不了一个极致的产品，比如MP3播放器，它和iPod在播放器上的功能并没有什么不同，但iPod却通过新颖的设计感、极佳的用户页面及时时都在创新的内容让用户喜爱至极，而这种喜爱就是情感。

每个人对每个产品的情感体验都不一样，每个人都有自己的社群范围，不同的人有不同的话语体系以及对事物的看法。许多企业都在试图寻找其中的共性，但却不得不接受差异化越来越大的现实。自媒体之所以会如此之火，其中一个最重要的原因就是他们与传统媒体所追求的试图覆盖所有人的想法不同。自媒体是用个性化的表达来找到与自己志气相投的人。

性能和情感是人类的共同需求，不管是屌丝还是高富帅、白富美，他们的不同点不过是对功能和情感的需求不一样罢了。要想让用户对产品产生情感认同，关键是定位好自己的目标群体。比如小米手机和苹果手机就是两种不同的情感体验，小米一向是以屌丝为目标群，而苹果的高价格促使它将目标群锁定在高端群体。

有很多产品都有着不错的功能，但往往在满足客户的情感需求上出现了缺口，诺基亚就犯了这样一个错误，它把功能当作唯一的利器，以工业时代或短缺经济的思维来应对体验时代的用户需求。

在技术越来越普及的今天，功能的实现已经变得非常简单，而情感诉求的满足成为了非常重要的创新点。在这种情况下，满足虽然也需要借助技术，但更重要的一点是理解用户、洞悉人性，给予他们极致的情感体验，这样产品本身的自媒体属性才会更加强大。

创富案例

1. 马云的淘宝网：先圈用户，再圈钱

淘宝在阿里巴巴，在中国电子商务发展史上的地位，无须多言，相信很多人都能明白，因为现在的年轻人几乎人人都会注册一个淘宝账号。

淘宝一开始只是作为阿里的轻骑兵出击电商，发展至今，除了衍生出C2C相关的业务与产品外，还逐渐包括了越来越多的阿里业务，甚至不断地甩出业务进行拆分。现在，淘宝已经把自己变没了，成了阿里巴巴最赚钱的一块土壤。

2003年4月，马云秘密派出了一支只有9个人的团队住进西湖畔花园小区，让他们签下保密协议，夜以继日地研究一个月。2003年5月10日，风靡中国的淘宝网正式上线了。最初的淘宝页面只是两百多件商品，这些商品全是这些技术人员从自己家拿来的闲置物品。可仅仅只是20天的时间，这个名不见经传的淘宝网就有了1万名的注册用户。

2003年7月7日，阿里巴巴正式宣布要花1亿资金开办淘宝网。10年的时间，淘宝完成了从一种简单的产品到一种简单、极致的服务，再到一个平台生态圈的转变。从有到“无”，这是淘宝最大的成功。

关于淘宝网现在为何会如此之火，马云只是简单地说了一句话：“先圈用户，再圈钱”。

那么马云是怎样做到这一点的呢？主要是因为淘宝实行了免费的政策。2003年5月10日，淘宝网正式上线运营，同年10月，阿里巴巴表示，淘宝网在5年之内不会收费。淘宝网这一策略的实行，迅速抓住了用户的眼光。用户从最初只是抱着“反正是免费的，注册一个玩玩也无所谓”的想法，到后来发现了淘宝网的极致体验成为其忠实的粉丝，再到最后开始为淘宝网创造价值。

在宣布免费的同时，淘宝网还推出了第三方支付工具“支付宝”。发展至2012年，支付宝已经占到第三方支付市场47%的份额，成为中国互联网行业最普及的第三方支付工具。2003年，淘宝的年度交易总额达到了3400万元。

2004年7月，淘宝网推出了“淘宝旺旺”，阿里巴巴成为网络交易的沟通桥梁。在2004年阿里巴巴的5周年庆典上，马云推出了阿里巴巴的第二个五年战略——“网商”，并将之描述为“meet at alibaba”跨越至“work at alibaba”。

2005年10月，阿里巴巴又对外面宣布对淘宝追加10亿元投资，淘宝将继续免费3年，阿里也将继续利用免费策略抓住用户的心。

按照淘宝的官方说法，淘宝在2006年就已经占据在线拍卖领域72%的市场份额。从此之后，淘宝的发展就不再是单一的C2C模式，开始在时而扩张合并，时而拆分独立的节奏当中发展。

合并淘宝网与阿里巴巴让淘宝卖家能够接触更多的卖家或买家，而阿里巴巴的网络发布商也能因此获得更多的广告收入。2010年4月，阿里巴巴将名字改为“淘宝联盟”。到2012年底，阿里巴巴的品牌和域名又再次被启用。

启动大淘宝战略的第一步是合并阿里巴巴以及对淘宝继续投进50亿元的资金。大淘宝战略的启动表明，淘宝不再仅仅是一个网络的交易平台，而是一个已经把整个的电商链路打通，由消费者、商家、服务商组成的全面开放的大平台。2008年4月，淘宝B2C新平台淘宝商城正式上线，全面进军B2C领域。2009年，阿里巴巴又将口碑网驻进淘宝网。

大淘宝战略实行了两年之后，2010年10月，淘宝商城正式启用独立的域名，并且脱离淘宝开始独自运营。

2011年之后，淘宝的业务拆分线越加清晰，淘宝网、一购、聚划算都开始独立运营。

以聚划算为例，2011年10月20日，聚划算正式脱离淘宝网。分拆之后的聚划算，能负责的业务不只是淘宝网内部的团购服务，就连一些外部的服务类团购也可引入。

随着2012年7大业务群和2013年25个事业部的两次重组，淘宝网已基本完成阿里巴巴的业务线孵化任务。

经过多年的发展，淘宝的用户群已然牢不可破，而这些各自分化的业务也在淘宝庞大用户的基础上做得风生水起，获得了巨大的效益。

如今人们都在说互联网思维，而马云眼中的互联网思维在淘宝中就有很好的体现，简单地说就是“先圈用户，再圈钱”。

那如何做到先圈用户呢？马云说第一点是用户至上。在互联网时代，只要是用你产品和服务的人，就都是上帝，而不单单只是那些付费的人。在互联网时代，服务与产品不仅不需要用户付钱，还要把产品和服务做到极致，甚至有时候还要倒贴钱吸引人们去使用。马云的淘宝网在最初发展的几年里，也选择了全免费政策，正是运用这个模式淘宝网才吸引住了大量的用户。

但是，免费带来的问题却让淘宝经历了一次阵痛。于是淘宝网开始对淘宝卖家实行收费，开店的基础保证金为1000元，而且按品类、等级分为不同的保证金金额。这个消息一公布，立刻引起了广大用户的强烈反对，甚至有人表示要退出淘宝，马云为此还写了一封亲笔信告诉用户为什么要在实行免费多年后开始收费。

淘宝网实行免费后，产生的最大问题是假货太多，许多买家都因为这个问题而对淘宝网失去了信心。这个问题已经成为淘宝网的大危机，如果再任情况恶化下去，淘宝网迟早会被淘汰。所以马云对此做出了一系列的大变革，例如收费，这不是为了排挤中小卖家，而是不得已而为之。

第二点是体验为王。互联网时代，只要你的产品和服务足够好，好得超出了人们的预期，即使你一分钱的广告费都不掏，消费者也愿意在网上做分享，免费为你创造口碑，甚至让你的产品成为社会的热门话题。淘宝网的推出也没有做任何广告，它只是依靠一传十、十传百的口碑扩大自己的知名度。

总而言之，只有用极致的体验和服务才能将用户牢牢地抓在手中。

2. 快的与嘀嘀：“疯狂”背后的O2O入口争夺战

近日，北京一位女士对采访的记者说：“太疯狂了，一定是因为用打车软件的人太多，造成系统瘫痪了！”她使用“嘀嘀”打车软件叫车，但手机页面一直显示系统繁忙，于是她又换了个“快的”软件打车，也出现了一样的情况。

“我上班的地方位置比较偏，打车不太方便，看新闻说用打车软件打车可以减免10块钱，而且司机还能上门接我，所以我也想体验一下，但都等了15分钟了，手机还是刷不上。”这位女士向记者表示。最后，她还是选择了乘坐地铁回家。

“嘀嘀”打车与“快的”打车之间的竞争越来越激烈，两家都不断地推出新的补贴政策，虽然促使打车软件的业务呈爆发式的井喷状态，却也经常导致系统连接出现瘫痪的状态，致使乘客与出租车司机在使用这两款软件的过程中经常遇到“无法使用”的问题。

打车软件为什么会这么火？国内最早的打车软件是2011年底在北京上线的“摇摇打车”。这个软件曾一度得到了非常快速的发展，但是在2013年上半年，阿里巴巴投资“快的”，腾讯投资“嘀嘀”后，摇摇打车在这两大打车软件的疯狂打压下，已经停止了相关的业务。

2013年底，“快的”和“嘀嘀”开始针对司机和乘客展开补贴大战，这期间各类的奖励政策不断涌现，补贴的金额也迅猛地增长。可以说，这是近5年的时间里，互联网公司砸钱竞争最直接也最彻底的一次。

打车软件不仅能帮助民众解决需求，而且能加强乘客打车与出租车司机拉客之间的供需对接，缓解了乘客的打车难，同时也降低了出租车的空车率。可以说，这是一举数得之事。作为受益方，打车能得到补贴甚至是免单，无论是乘客还是司机都不愿放着这种好事不做，所以，补贴大战的强度越大，乘客与司机就越开心，而打车现象也会变得越来越疯狂。

据公布的数据显示：“快的”打车与“嘀嘀”打车分别以46.7%与

43.7%的大市场份额，奠定了打车软件市场“两强”独大的格局。

他们在这场圈地大战中不惜损耗如此之大的资金，到底要争些什么呢？从这场打车软件的“疯狂烧钱”来看，似乎消费者、司机和业者三方面都是赢家。但是“天下没有免费的午餐”，原因不止是两家软件的圈地大战，还有其背后两大投资商阿里巴巴与腾讯之间抢占未来商机的竞争战。

从打车中多次升级的补贴政策可以看出，阿里和腾讯在打车软件上的意图非常明确——他们亟需培养、引导用户在各种线下场景中使用支付宝付款和微信付款。

面对两家的“烧钱”大战，“快的”打车CEO赵冬谈表示：“烧钱在现在看来是一件必须要做的事，毕竟打车行业现在正处于高速增长期，市场的饱和度还远远不够，所以获取用户还是要付出一定的资金代价的，这同时也是为了培育市场。”

“嘀嘀”打车的创始人程维认为：“现在需要培养用户用手机叫车、用移动互联网为出行服务的习惯，这一习惯的养成必然需要经历烧钱阶段。”

所以在越来越优惠的打车补贴面前，作为直接受益的消费者和司机都喜欢用打车软件招车、接单，于是，新的消费模式就慢慢地塑造成了。当大多数消费者把用打车软件打车变成习惯时，那些不用软件的消费者就很难在街边打到车了。而这样出租车司机对打车软件的依赖性也会越来越高，这反过来又会进一步促使消费者使用打车软件，两者之间一旦达到某种程度的平衡，这种新的消费模式就能被固定下来，很难再发生变化。

与春节期间的“抢红包”大战相同，这种“烧钱”大战的背后，不单只是推广打车软件，更是腾讯“微信支付+嘀嘀打车”和阿里巴巴“支付宝+快的打车”的争夺战，他们都希望通过争夺移动支付入口抢占未来商机。

打车这种高频率行为的背后，是绝佳的用户附着点。通过打车软件培养乘客用支付宝与微信付钱，然后逐渐取代传统的付钱方式，腾讯和阿里巴巴作为第三方移动支付平台的市场地位自然就能得到加强。

在移动支付方面，阿里巴巴的支付宝早在10年前就已经进入了市场，现如今的用户数量也非常庞大，而且目前阿里在移动电商以及支付上都做了全面的布局，包括来往、“快的”打车支付和刚上线不久的微博支付等。阿里之所以有如此大的动作，是因为它要全面布局移动互联网服务，而投资“快的”也是为了让支付宝避开被银联占据了大部分市场的线下POS业务，增加支付宝在线下的普及程度。

腾讯的微信支付虽然已经建立了良好的用户粘性，但是由于微信支付还是新手，在支付领域没有多少经验，用户也没有养成用微信支付的习惯，所以腾讯才会牢牢地盯住支付宝在移动端的1亿用户市场。同时，腾讯在PC端的电商业务也需要微信收复失地，而“嘀嘀”作为其从线上到线下服务中介商的试水，未来也肯定会有更多的人加入。

虽然目前O2O在国内市场没有形成真正的格局，尚处于混沌阶段，但腾讯、阿里和百度这三家O2O巨头之间的竞争却呈现出愈演愈烈的趋势。

与餐饮、娱乐、旅游等其他领域的O2O服务相比，打车服务存在着更多的优势：交易频次与普及率都非常好，用户的需求也相对急切，并且足够标准化，是最容易被市场接受的服务之一。

2013年，“快的”和“嘀嘀”在阿里和腾讯的巨资支持下，快速进入全国各地的出租车市场，而实力相对较弱的软件公司则慢慢退出了打车市场。目前，“嘀嘀”和“快的”一共占据了打车软件市场90%的份额，打车服务行业进入了两家平分天下的时代。

不过，对于腾讯和阿里巴巴来说，进军打车领域仅是攻占O2O市场的开始。打车软件被业界视为移动互联网时代LBS和O2O的重要入口，是这两大互联网巨头从线上向线下衍生的关键性一步。最重要的一点是，还可以围绕着用户群做精准营销，向用户推送打车目的地的生活服务信息，比如餐饮店、生活状态、交通情况等，发掘用户潜在的消费需求。

打车服务真正的价值其实在于链接导航软件和本地服务的纽带作用，通过对用户打车习惯、打车路径等数据的积累、分析，叠加地图服务和生活信息服务的内容，增强用户的粘性，从而实现商家与消费者的共赢。

Chapter 5

粉丝赢天下

记住！没有粉丝的品牌都会消亡

如今，需要粉丝的不只是明星，企业品牌同样需要大量的粉丝。互联网经济的风浪将淘洗所有的企业。得到海量粉丝的品牌将赢得天下，而那些没有粉丝的品牌已经进入消亡倒计时。

从今以后，品牌的价值不再单纯以美元或人民币来衡量。粉丝的数量、粉丝的忠诚度、粉丝的品味、粉丝团的协作能力都将成为衡量企业品牌价值的重要标准。品牌的身价有多高，企业粉丝团的身价就有多高。反之亦然。

屌丝是一种身份，屌丝是一种心态，屌丝是一种文化。这是一个人人都以“屌丝”自居却又在内心深处向往“高富帅”和“白富美”的时代。不要小看穷屌丝们的消费潜力，他们将成为各种企业争霸市场的重要争取力量。屌丝文化从非主流变成了网络文化的主流。不懂屌丝思维，就赚不到几亿屌丝口袋里的钱，也不能从屌丝群体中培养出企业品牌的铁杆粉丝。

粉丝经济贵在抓住粉丝们的心。比起数亿不关心你的潜在消费者，企业最需要做的是经营好几十万乃至几百万铁杆粉丝的爱好，设计出最合粉丝口味的产品。因为他们才是企业真正的拥趸与衣食父母。

经营粉丝经济，应当先学会粉丝思维。换个角度看问题，才能明白粉丝对企业的期待。不懂得跟粉丝做朋友的企业，不会制造出有口皆碑的好品牌。所以企业要力求“路人转粉”，慎防“粉丝转黑”。

1. 粉丝思维，就是让你的粉丝心甘情愿为你做贡献

昔日的“追星族”在今天被称为“粉丝”。粉丝是英文fans的谐音，意思是爱好者。“粉丝”群体也是有细化分类的，普通爱好者叫“普通粉丝”，高忠诚度爱好者叫“铁杆粉丝”，那些言行狂热的爱好者则被网民戏称为“脑残粉”。

粉丝现象是互联网文化的产物。天南海北的爱好者可以在网络上组成一个粉丝圈子，分享情报，交流心得，组织活动，忠实地宣传自己热爱的事物或者偶像。随着粉丝文化的不断延伸，各种潜在的商机也逐渐地浮出水面。

美国《连线》（Wired）杂志创始主编凯文·凯利先生提出过一个有趣的铁杆粉丝理论。他说：“任何艺术创作者（主要指作家），只要得到了1000名铁杆粉丝，就能够养家糊口。”

凯文·凯利的铁杆粉丝理论并非无稽之谈。普通粉丝也许会钦佩偶像，但不一定会掏钱购买偶像的作品。铁杆粉丝则不然，他们以收藏偶像所有的作品为乐趣，甚至愿意购买与偶像相关的文化衫、杯子、文具、钥匙扣等周边产品。

铁杆粉丝有着无与伦比的品牌忠诚度和强烈的消费欲望。他们是创作者或某个品牌的主要目标客户。没有粉丝的创作者注定会被淘汰，而没有粉丝的品牌则注定会消亡。所以，在互联网时代创业，一定要牢牢抓住粉丝，特别是要赢得铁杆粉丝的支持，让他们心甘情愿地为你做贡献。

需要明确的是：用户不等于粉丝。粉丝对产品或品牌有着高忠诚度，消费习惯相对固定，极少倒向你的竞争对手。用户则不一定忠于某种产品或品牌，消费习惯随时会变。所以，只有忠于你的用户才称得上粉丝。

在过去，企业与用户之间的沟通渠道非常狭窄。由于传播技术条件

的局限，用户只能单向接受企业的宣传，而无法与企业产生更多的互动交流。缺乏互动交流就不能增进双方的感情，不能增进感情就无法提高用户的品牌忠诚度。因此，过去的普通用户很难升级为铁杆粉丝。但互联网的诞生彻底改变了这一局面。社交网络的发达，不仅使得企业能全方位纵深宣传自己的产品或品牌，还能让广大用户与企业直接进行互动，让用户变成品牌的铁杆粉丝。

传统营销理论认为，传播能力决定了品牌的价值。传播范围越广，知名度越高，品牌就越成功。这个观念在互联网时代应当有所调整。

品牌是产品与口碑相结合的产物。在任何消息都有可能被放大成爆炸性新闻的今天，负面评价对企业品牌的杀伤力空前强大。因为现在的消费者能通过论坛、博客、微博、微信等各种网络平台表达自己的意见。互联网打破了地域限制，能够让全球各地的消费者在最短的时间内完成集结，共同支持或反对某件事。消费者在互联网上发布的差评很容易传播开来，甚至引起广泛的共鸣，让企业品牌积累多年的信誉和口碑毁于一旦。

所以，企业不能只考虑扩大传播范围，还要注意在粉丝中保持良好的口碑。

树立品牌不能只依靠企业的广告宣传，还有赖于消费者群体的综合评价。品牌传播的主力往往是一群具有相同偏好的消费者。他们传播的如果是产品的正面评价，企业品牌就能得到好名声，从而吸引更多的潜在客户，并形成自己的铁杆粉丝。

在网络经济时代，无粉丝者无品牌，粉丝的多寡决定了品牌的价值。据国外机构研究表明，目前平均每个Facebook品牌商的粉丝价值均已达到了174美元。在2013年，可口可乐公司的Facebook粉丝价值仅为70美元，但其粉丝已经超过了3500万人。由此可见，网络粉丝也是衡量企业品牌价值的重要标准之一。

企业与粉丝的互动能力，是极为重要的公关能力。只有粉丝的认同度高，企业品牌的魅力指数才会高，营销宣传效果也才会好。反之，如果没有粉丝的口碑打底，企业再费力宣传也是事倍功半。

粉丝思维改变着企业的营销模式。许多过去不重视社交网络的知名企业，现在也纷纷进驻社交网络平台，以加蓝V官方微博的方式，试图与粉丝们保持长久的互动关系。例如耐克最近几年大幅度降低广告和纸质媒体的宣传费用，将外包的社交网络维护业务收回公司，并开始发行移动硬件设备Nike+Fuelband等APP应用。此举让耐克很快得到了上千万铁杆粉丝用户。

粉丝是一个参与化、情感化和圈子化的消费者集群。企业只有理解了粉丝的好恶，跟粉丝打成一片，才能赢得这个群体的长期支持。

炸弹二锅头是亚特兰蒂斯（北京）进出口贸易有限公司推出的精品小白酒。炸弹二锅头团队打算在湖南长沙搞个粉丝见面会，由于人生地不熟，他们便充分利用了互联网这一营销利器。

营销团队先是在微博上搜索跟炸弹二锅头有关的信息，向微博博主发出邀请。同时私信长沙当地的粉丝领袖、大V、媒体，让他们也在各个微吧、贴吧发布活动信息。为了加强与粉丝的互动，炸弹二锅头官方微博还发起了话题活动“某某时刻炸一个”“炸弹配什么喝”。这果然引起了广大粉丝的评论与吐槽。

除了微博外，豆瓣也是炸弹二锅头团队的重要宣传平台。他们把同城活动的消息挂在豆瓣网，让豆瓣编辑推到长沙活动首页，结果关注率迅速得到提高。湖南人民广播电台闻讯，对炸弹二锅头进行电话连线，并在交通广播里宣传本次活动。结果，现场活动开始后，吸引了很多粉丝前来报名。

在此期间，炸弹二锅头的粉丝也自发参与宣传。有人在长沙陌陌平台传播活动信息，很快就有116个网友报名参加。炸弹二锅头记下联系方式后，将所有报名者拉进一个叫“炸弹二锅头长沙分舵”的QQ群。企业与粉丝在群里相谈甚欢，大大拉近了距离。

在寻找粉丝的过程中，炸弹二锅头还策划了一个互动话题——“酒后吐真言”，先让QQ群里的粉丝每人发一条“酒后吐真言”的微博，再扩散到各自的交际圈里，根据转发次数设置一、二、三等奖。

最终，这次行动从企业找粉丝转变为“从线上到线下”的全新粉丝互动模式。炸弹二锅头招募到了80多名活动参与者，但影响的粉丝却超过了6万人。

能否吸引粉丝，首先取决于企业产品能给用户带来多少价值。管理学家亚德里安·斯莱沃斯基认为：魔力产品=卓越的性能×强大的情感诉求。卓越的产品性能是一切营销模式的共识。如果产品性能不能满足用户日益挑剔的眼光，就无法形成粉丝群。而粉丝营销与其他营销模式的最大区别在于能向用户传达强大的情感诉求。让品牌不再是冷冰冰的LOGO符号，而是一个能与粉丝亲切互动的“人”。品牌人性化是粉丝思维的关键。

随着维权意识的增强，消费者不再满足于被动接受信息，而是更希望与企业进行交流。而且他们不喜欢公事公办的交流方式，更希望彼此之间能自然、开放、直接、真诚地交流。网络上流行的淘宝体、微博体语言就是这种思潮的产物。企业在社交网络上的营销账号，用接地气的网络语言与粉丝们轻松愉快地交流，时而发长微博科普产品知识，时而对粉丝们卖萌打趣，拉近彼此的距离，以求不断增长粉丝数量。在这种亲民的互动中，企业向粉丝传达了强大的情感诉求，让自己的品牌形象更具有人情味，从而赢得更好的口碑。

2. 屌丝赢天下：学会携“屌丝思维”以成霸业

在中国网民各群体中，消费最多的是所谓的“屌丝”。屌丝通常指出身卑微、无车无房的草根中青年。上至60后，下至90后，都有人自称屌丝。男屌丝的反面是“高富帅”，女屌丝的反面是“白富美”。这个网络用语带有浓浓的自嘲色彩，流露出对生活的无奈，又包含着对传统主流的蔑视。

由于屌丝文化在互联网上迅速传播，中国进入了一个全民自称屌丝的时代。但事实上，屌丝也有真伪之分。中国有5~6亿草根男女，没车没房，存款不多，收入水平不高，找到的工作也不是很理想，他们是真正意义上的“屌丝”。还有一些高收入、高地位的人也以屌丝自居，他们在生活中往往属于真屌丝们羡慕的“高富帅”或“白富美”，但骨子里却有着跟屌丝类似的心态。

在传统观念中，这个数量惊人的群体本该是边缘化人群。然而，互联网时代打破了单一的审美观念，以解构崇高、恶搞主流、嘲讽现实为乐的屌丝文化逐渐演变为今天的网络流行文化。换言之，“非主流”变成了“主流”。

利用互联网创业，必须准确把握网络生活与网络文化的特点。在这个屌丝文化大行其道的年代，得屌丝者赢天下。善于开拓屌丝市场，才能在互联网上称霸一方。

互联网的聚焦作用，让无数爱好相同的穷屌丝组成了一个个社交小圈子。这些小圈子的成员通常具有同样的生活方式与消费观念。真屌丝固然收入不高，个体消费能力不强，但是庞大的屌丝圈子，整体消费能力却是相当可观的，构成了一个典型的“长尾”型市场。

美国《连线》杂志主编克里斯·安德森在2004年提出了“长尾理论”。其核心观点是：只要流通渠道足够宽，品种繁多、数量庞大的小众商品共同占据的市场份额，就可与少数热销商品相匹敌。消息灵通的互联网与四通八达的现代物流体系，足以保障商品的流通渠道。而互联网的聚焦作用，又能把五湖四海的小众商品消费者集结成一个圈子。这使得广大企业有能力实践“长尾经济”。

中国的“高富帅”“白富美”毕竟不多，市场消费的主力军仍是广大的屌丝群体。于是，许多产品都将目标市场锁定为收入不高但数量庞大的屌丝群，在营销推广时也有意识地迎合屌丝文化。

要想做好屌丝的生意，首先要了解屌丝的需求与价值观。

中国的屌丝有不少是受过高等教育的，对时尚潮流多少有一定的了解。由于他们收入不多，工作辛苦，自己买不起房子、车子，生活压力普遍比较大，使得他们心中有不同的挫败感。他们既渴望社会主流的认可，又对种种不合理现象嗤之以鼻；他们不乏奋斗之心，却又感到人生没有目标；他们喜欢好玩、有趣、新鲜的事物，反感刻板、正经、沉闷的东西；他们会为了减少开支而节衣缩食，却又愿意为自己喜好的东西砸钱，不惜成为月光族。

一言以蔽之，屌丝们需要用某种方式体现存在感，需要借助某种事物寻找归属感，需要通过参与某些互动来获取成就感。

企业应当具有“屌丝思维”，屌丝们喜欢什么，渴求什么，企业就要重点关注什么，这样才能在互联网上聚合各路“小众”屌丝，并将其逐渐发展为企业品牌的粉丝。大企业能通过挖掘长尾人群的消费潜力来巩固市场霸业，中小企业也可运用长尾理论与那些垄断热销产品的大企业竞争互联网市场。

成立于2006年的“裂帛”，是中国最具规模的独立设计品牌服装的集团之一，产品远销海外多个国家与城市。集团旗下有裂帛、所在、莲灿、ANGELCITIZ、LADY ANGEL等女装品牌和非池中等男装品牌。

2005年，裂帛的创始人汤大风和妹妹汤小风进驻淘宝网做服饰生意。第二年创立了“裂帛”这个服装品牌。创业艰难百战多。姐妹俩在淘宝上亲力亲为设计、买面料、打版、缝制、拍照、上传、定价、发货、售后服务等问题，便捷的电子商务让她们大受其益。经过几年奋斗，裂帛迅速成为中国服装设计知名品牌。

2010年，裂帛获得了“2010全球网商评选十佳网货品牌”“2010全球网上评选最具创新力网商”等荣誉，并成为北京服装纺织行业协会常任理事。

2011年，裂帛获得境外著名投资公司投资。

2012年，裂帛官网上线；当当网裂帛店、一号店裂帛店上线；非池中在当当网和V+同步上线；荣获创业邦2012中国年度创新成长企业100强，陆续接受《城市画报》、《服装导报》、福布斯中文网、中国服装网、亿邦动力、淘宝天下、新浪财经、搜狐财经、《淘宝卖家刊》、《中国纺织报》、《中国经济时报》、《职场》等媒体的专访。

2013年，裂帛设计师品牌女装上线；并购全球实拍品牌天使之城女装、LADY ANGEL女装；北京五道口实体店开业；裂帛官网APP上线。

裂帛服饰的成功明显地反映出互联网经济的特点。通过准确的市场定位，充分利用互联网传播平台，白手起家的小企业能够以小博大，实现迅速增长。

屌丝群体虽然喜欢自嘲，喜欢解构主流文化，但骨子里仍然希望自己能变得高端大气上档次。经济水平决定了大部分屌丝无法承受世界名牌的天价，但廉价的地摊货又让他们显得档次太低。那种价位相对低廉，并且品位不俗、富有个性的商品，既能满足屌丝们追求高品质生活的消费需要，又在其经济承受力范围内，最容易赢得广大屌丝的好感。

裂帛集团准确地把握住了屌丝的心理。其服装设计吸收了许多民族文化元素与时尚元素，美观大方，品位不俗，而且价位相对低廉，再加上频繁的网购优惠活动，吸引了广大消费者。从淘宝小店到网店与实体店相结合的知名品牌，裂帛在短短几年内大获成功不是偶然。由此可见，活用屌丝思维，是互联网经济的一大利器。

“得屌丝者赢天下”，绝不是一句空话。屌丝群体的整体消费能力惊人。谁忽略了这块最巨大的市场，谁就会被竞争对手挤下台。虽然越来越多的企业，包括知名企业都在打屌丝牌，但并不是谁都能玩转这个市场的。

屌丝文化虽然充满了自嘲与解构，但叛逆个性只是其表面，其内心深处依然保留着对主流高端的向往。

曾有网友吐槽说：这是一个全民自称“屌丝”却在骨子里当自己是“高富帅”或“白富美”的年代。屌丝的自嘲源于缺乏上进机会而产生的挫败感，屌丝解构正统偏爱戏谑，是因为看不惯某些虚伪的社会现象。他们常常说自暴自弃的低俗段子，却又没完全放弃改变命运的努力；他们嘲笑理想主义者，只是因为觉得梦想遥不可及。一旦得到了发展机遇，屌丝们就会拼命追寻自己的梦想，丢弃自己低俗的一面，向高端大气上档次的主流价值观靠拢。

部分企业对屌丝文化理解过于片面，只是一味走庸俗路线，刺激屌丝的感官消费，导致整个行业陷入“劣币淘汰良币”的低水平竞争怪圈。这种做法虽然能得利一时，但却在伤害着屌丝文化的另一属性——重视原创。

屌丝们在解构传统主流文化的同时，也在创造着丰富多彩、个性十足的草根文化。文化娱乐产品既是屌丝群体消费的主要项目，也是无数草根创作者的梦想所在。

腾讯和有妖气等网站是屌丝文化的主要传播者。他们也意识到集合屌丝作者的能量来制造出符合广大屌丝口味的文化产品，才是维护这个市场的长远之计。为此，他们都致力于发掘草根人才，积极开拓中国动漫产业。虽然这条路不平坦，但完全把握住了屌丝的市场需求，肯定会越走越宽。

总之，运用屌丝思维开拓市场，应注意三个原则：一是通俗而不媚俗；二是不断涌现新创意；三是让屌丝们感到产品高端大气上档次。

3．粉丝经济的爆发：从罗辑思维到粉丝思维

互联网就如同当年的蒸汽机与电力设备一样，在人类社会各领域引发了新的革命。在过去，新闻报纸媒体垄断着信息传播的渠道。今天则不然，每个人都可以利用手机、电脑在第一时间发布自己亲眼看到、亲身经历的事情。大家不再只是新闻的接受者，同时也成为新闻的制造者。这是一个自媒体（We Media）横行的时代。每个人都能成为一个自媒体，并通过自己生产的新闻及其他信息，吸引一批志趣相投的网友，甚至形成自己的粉丝团。

自媒体的门槛不高，不需要复杂的专业设备与技术人员，但想要做出有影响力的自媒体却很不容易。2013年最火爆的自媒体，当属国产知识性脱口秀节目《罗辑思维》。

2012年12月21日，也就是网民经常调侃的所谓玛雅人预言的世界末

日，只不过是平常的一天。但对于知名传媒人罗振宇、独立新媒创始人申音、资深互联网人吴声来说，却是一个重要的日子——视频脱口秀《罗辑思维》在这一天正式登场了。

口号：死磕自己，愉悦大家!

理念：有种、有料、有趣，在知识中寻找见识!

这就是罗辑思维的精髓。

作为新兴的自媒体，罗辑思维综合采用了网络视频、微信、线下读书会等互动形式。其主要受众是热爱读书思考的80后、90后青年。起初，罗辑思维只是一个视频自媒体，随着点击率与粉丝数量的不断增加，它逐渐发展成了一个人气极端火爆的知识型社群电商。在短短一年的时间里，罗辑思维每期视频的点击量超过百万，仅微信公众号粉丝就达到了110万。根据保守估计，这个栏目可以覆盖1亿网民。

罗辑思维后来又尝试了互联网收费模式。在不承诺任何会员服务的前提下，第一次社群招募大获成功，仅仅6个小时就募集了160万元会费。2013年12月27日，罗辑思维以微信支付为唯一通道，进行了“史上最无理的会员召集”，仅在一天之内就有800万元轻松入账。由此可见，互联网时代的粉丝经济能量有多大。

粉丝经济的扩张速度之所以如此惊人，是因为互联网无与伦比的传播速度与覆盖面。

今天的网民都有信息焦虑症，唯恐错过任何最新消息，上网刷微博、微信的时间越来越长。假如你的粉丝数只有100，千万不要认为只有100个人在看你发布的内容。因为大多数人只会对感兴趣的自媒体特意加以关注，其他的网友也可能会时不时浏览你的微博。假如你发的话题内容足够有趣，能引来粉丝转发或评论，那粉丝的粉丝也会跟上。这样，消息就像病毒传染一样不断扩散，你在互联网上的知名度也将大大提升。

在人人都是自媒体的今天，每个人都可能成为别人的“粉丝”，每个人都可能成为另一群人的“偶像”。只要拥有数量庞大的粉丝，一个在现实中无钱无势的穷草根也能成为互联网上的意见领袖，甚至有机会将巨大的影响力转化为实实在在的经济效益。

与普通的消费者不同，粉丝对自己喜欢的品牌不那么吹毛求疵。强烈的感情因素让他们可以接受品牌旗下几乎任何产品，哪怕是略有缺陷的产品。例如，苹果的铁杆粉丝，把乔布斯推出的每一款新产品都视为“神器”。为了攒钱购买苹果的最新产品，有些粉丝甚至不惜天天节衣缩食吃泡面。

由此可见，粉丝是最忠诚，也是最值得开发的目标客户。粉丝与品牌文化密不可分。经营粉丝已经成为创建品牌文化最为重要的工作。而衡量一个品牌文化是否成功的标准，也从媒体上镜率与广告覆盖率变成了粉丝的数量及品牌忠诚度。

郭敬明的电影《小时代》一经上映，就遭到了来自互联网的板砖。影评人士也从艺术角度对这部电影提出了诸多批评。但这并不能阻止《小时代1》、《小时代2》创造出超过7亿元的票房。从商业角度看，郭敬明的《小时代》系列可谓业绩辉煌。

这部差评电影为何能获得如此高的上座率？究其原因，是它牢牢把握住了粉丝经济的规律——抓住粉丝的心。

《小时代》的观众大多都很年轻，平均年龄约为22岁。他们都是郭敬明作品的忠实读者与忠实观众，全面接受了郭敬明的思想价值观。无论郭敬明出现什么负面评价，都不会动摇他们对偶像的绝对认同。就算面对铺天盖地的抨击与谩骂，郭敬明的粉丝也会顶住压力支撑起《小时代》的票房。说到底，是因为郭敬明的作品完全符合他们的口味，满足了他们的精神娱乐需要。为了维护自己热衷的事物不惜与全世界唱反调，这就是狂热粉丝的特点。

尽管郭粉在几亿中国网民中不占大多数，但别忘了凯文·凯利的铁杆粉丝理论——“任何艺术创作者（主要指作家），只要得到了1000名铁杆粉丝，就能够养家糊口。”在大部分情况下，纵然批评者超过千万，对市场的实际影响力也不如上百万的铁杆粉丝。前者的批评不足以动摇后者的态度，而后者的消费足以保障创作者名利双收，并进行新一轮的创作圈钱活动。

通过《小时代》的案例不难发现，粉丝经济的关键是培养铁杆粉丝。

中国有十几亿消费者，市场在理论上广阔得惊人。开拓市场永无止境，但希望所有人都变成自己的目标客户，无异于异想天开。随着社会多元化的趋势日益明显，人们的兴趣爱好与消费习惯的差异也越来越大。小众个性化品味自不消说，就连妇孺皆知的知名品牌，也不可能受到十几亿人的共同喜爱。真正能为企业创造经济效益的消费者，从来就不是总人口中的大多数。

所以说，企业不必奢求让十几亿中国消费者都认可，只要得到上万铁杆粉丝，就足以在市场中开辟一条道路。若能像《罗辑思维》那样积累到上百万铁杆粉丝，企业将成为互联网市场里颇具影响力的新兴品牌。

与其致力于开发几亿潜在客户，不如好好经营那些品牌的铁杆支持者。满足他们的需求，迎合他们的口味，与他们保持长久的互动合作关系。这样做企业经营风险远小于挖掘潜在客户，收益也远大于维护忠诚度较低的客户。

郭敬明的精明就在于坚持走自己的路线。他的铁杆粉丝最初就非常喜欢他的作品。无论社会舆论怎样批评，郭敬明都不为所动，只是继续吸引铁杆粉丝团的眼球，迎合铁杆粉丝团早已成型的审美观。

粉丝经济贵在培养铁杆粉丝。但不少企业对季节变化缺乏敏感度，把经营粉丝简单等同于发展VIP会员。传统的VIP会员制通过消费积分兑换礼品等方式来吸引客户。这种方式虽然也实现了互惠互利，但企业与消费者之间只是纯粹的交易关系，缺乏情感上的共鸣。而情感上的共鸣，恰恰是培养粉丝的基础中的基础。

积分能吸引会员，但无法把会员发展为粉丝。会员考虑的是经济上的实惠，可能同时选择几种不同的品牌。而粉丝对品牌的热爱，很大程度上是对企业文化价值理念的认同，大多忠于同一品牌。当会员觉得不够实惠时，就会放弃这个品牌。而粉丝则会在企业最困难的时候，继续力挺该品牌。

品牌与粉丝的关系类似于朋友关系。因此，企业经营粉丝不能只靠经济手段，更要注重感情维系。否则，就无法形成自己的铁杆粉丝团，也无法享受粉丝经济带来的好处。

4．粉丝思维的“四感”：参与感、体验感、尊重感、成就感

经营粉丝之道，以加深情感为上。企业应当具备粉丝思维，站在粉丝的角度看问题。这样才能准确把握粉丝们的心态与需求，赢得他们的真诚拥戴。粉丝的思维方式不同于普通消费者，他们非常重视参与感、体验感、尊重感和成就感。只要处理好这“四感”，企业就等于抓住了粉丝思维的核心。

如前所述，当今中国正处于一个屌丝文化横行的年代。粉丝团同样以草根屌丝为主体。屌丝文化主要表现为吐槽、恶搞、解构，但这只是屌丝们刷参与感、体验感、尊重感、成就感的主要形式。

借用一句老话来说，参与感就是“我命由我不由天”。屌丝们没有优越的社会背景，也缺乏出人头地的门路。换句话说，他们的命运几乎被别人掌控。正因为如此，屌丝们特别希望通过某种途径宣示自己对命运的局部掌控权，即所谓“我的地盘我做主”。参与某项重大活动，参与某个重大项目的制作过程，是屌丝们争夺命运自主权的主要方式。

在过去，粉丝好比是戏迷，只能在舞台下拍手叫好，顶多上台献个花，无法参与创作。而在今天，屌丝们在网络上创作了一个又一个新名词、新段子、新视频、新动漫、新插画甚至小说连载。互联网让屌丝们获得了参与创作的机会，在很大程度上满足了他们把握命运、成就梦想的深层需求。

在粉丝经济中，满足消费者的参与感至关重要。如果不能满足消费者的参与感，消费者与品牌之间就会产生隔阂，也就无法成为忠于品牌的粉丝。

时代不同了，互联网改变了工业社会标准化生产的单一模式，个性化定制产品的精益生产模式越来越受到欢迎。以消费者为中心的C2B（Customer to Business）模式，将成为未来商业的主要模式之一。

按照“顾客是上帝”的商业原则，C2B模式无疑是最理想的。因为只有C2B模式才能完整而真实地反映消费者的一切个性化需求。

传统的企业与消费者关系是垂直的。企业生产什么，消费者就使用什么。由于技术条件的限制，以前的企业很难生产多品种小批量的个性化产品。消费者也因为市场供给能力有限，无法满足自己的小众需求。而互联网让两者的关系趋于平等。消费者不再被动地单向接受企业传播的信息与产品，而是可以直接与企业进行互动，对产品设计提出自己的要求。

粉丝，特别是铁杆粉丝，不仅是企业品牌的主要消费者，也是品牌塑造的主要参与者。他们的参与感越强，对品牌的感情就越深，也就越能心甘情愿地为企业做贡献。粉丝对品牌的宣传热情绝不亚于任何用金钱交易连接起来的商业伙伴。因为粉丝在参与推广品牌的过程中，有一种创造历史的主人翁意识，这将极大地满足其渴望掌握自身命运的心理需求。

要想加强粉丝的参与感，企业就必须改善其对产品的体验感。这是一个信息爆炸的年代，人们平时上网浏览的论坛、微博、博客，不过是互联网世界的九牛之一毛。人接受信息的能力终究有限，于是网民们对产品的用户体验愈加挑剔。那些用户体验差的产品就会迅速被市场淘汰。那些用户体验良好的产品如果不能与时俱进，也可能会被体验感更好的产品所取代。

人性化的设计会给用户带来良好的体验感。简单地说，就是能让用户以最简单、最便捷、最舒服的方式获得自己想要的东西。

例如，新浪微博自诞生以来，不断调整着自己的网页结构与功能设置。起初，微博和普通论坛一样需要来回翻页，这大大降低了用户的阅读速度与效率。后来，工程师设计出了“瀑布流”浏览方式，只要用户下拉，网页就能不断刷新网页内容。减少了频繁翻页这道程序，用户就能更方便、更舒服地阅读信息了。体验感的改善，让广大用户更乐于每天刷微博。

粉丝们虽然具有较高的品牌忠诚度，但这并不意味着他们对产品的用户体验感毫无要求。

粉丝经济是一种互联网经济，而互联网经济的一大特点是“人以群分”。志趣相投的人会通过互联网找到同道中人，形成一个社交网络小圈子。粉丝团就是无数圈子中的一类，他们之所以能走到一起，是因为对产品品牌具有相同的喜爱与相近的认知。粉丝团对产品的用户体验大同小异。他们在推广品牌时，也会重点强调自己的切身体验，帮助企业来发展和维系新的粉丝。

然而，天下没有无缘无故的爱，也没有无缘无故的恨。一旦企业在体验感上出现了问题，粉丝就会本着对品牌着想的真诚，提出批评改进意见。倘若企业置若罔闻，不尊重粉丝的意见，就会迅速失去粉丝团的支持。

企业要想玩转粉丝经济，首先应当学会尊重粉丝。因为由广大屌丝构成的粉丝团，普遍怀有强烈的自尊心。

屌丝是社会中下层小人物。尽管他们创作了许多段子和漫画自嘲，但骨子里却希望赢得社会的尊重。他们解构主流精英文化，是因为看不惯诸多社会不公现象。自己没车没房、无钱无势，被“成功者”们歧视，也被屌丝同类小瞧。自卑感激发了他们的自尊心。有的人因此奋发向上，成为屌丝“逆袭”成功的榜样；有的人却因此滋生虚荣心，对成功者羡慕嫉妒恨，对奋斗者百般阻挠。但无论是前者还是后者，都迫切渴望得到他人的认可与尊重。

粉丝经常用“大大”“大神”“大V”等昵称表示对他人的敬意。这种善意的调侃看似把自己摆在较低的位置，但实际上，一旦“大大”“大神”“大V”流露出任何对粉丝的不尊重，都会遭到粉丝们的强烈抵触。用网民的话说，就是“粉转黑”。粉丝轻则取消对偶像（或企业官方营销号）的关注，将其拉入黑名单；重则变成铁杆反对派（俗称“一生黑”），以各种形式来诋毁该人或该产品。

可以说，铁杆粉的正面作用有多大，一生黑的负面影响就有多大。而经营粉丝最大的成功，莫过于“路人转粉”（把不关心品牌的潜在客户发展为新的粉丝）；最大的失败，莫过于“粉转黑”。

粉丝追求参与感、体验感、尊重感，实质上都是在寻找成就感。粉丝们汇聚成企业品牌的粉丝团，除了兴趣爱好外，也不乏借助企业提升自我成就感的意图。在C2B模式中参与产品设计，在互联网上发表自己的原创作品，督促企业改善产品的用户体验，要求企业或偶像以平等姿态对待自己，一切的一切都是为了取得更多的成就感。

由此我们可以知道，经营粉丝的关键在于多角度满足粉丝们的成就感。

不少企业官方营销账号虽然有数以万计的粉丝，但只是发布产品消息和转发过时的“心理鸡汤”段子，没有真正与粉丝进行互动。这种缺乏互动的关系剥夺了粉丝的参与感，粉丝的意见就无法上达“天听”，企业也就不能根据粉丝的意见改善产品的用户体验。企业一味单方面推销产品，却不愿回应粉丝的反馈意见。这种高高在上的态度，完全无法满足粉丝们希望被尊重的要求。最终结果，只能是让粉丝团越来越心灰意冷，不再支持企业品牌（俗称“掉粉”）。

失去了粉丝支持，就等于失去了良好的品牌口碑和忠实的消费人群，粉丝经济也就无从谈起。背离粉丝思维的企业，注定会被市场淘汰。有志运用粉丝这柄市场双刃利器者，不可不察，不可不慎。

创富案例

1. 雕爷牛腩，中国第一家“轻奢餐”餐饮品牌

隔行如隔山，跨行创业风险大！所以，不少成功商人信心十足地向陌生领域进军，结果却败得焦头烂额。但凡事皆有例外，比如，阿芙精油董事长孟醒大胆涉足餐饮业，结果很快打造出了中国第一家“轻奢餐”餐饮品牌——雕爷牛腩。

“雕爷”是孟醒的网名。他在2006年创造的阿芙精油品牌，已经成长为淘宝精油第一品牌，市场份额高达60%。事业有成的雕爷突然决定开办餐厅。但这个大胆的决定并不被人们看好，因为餐馆与精油毫不相干，雕爷完全没有相关经验。然而，事实证明雕爷没有被风险击垮，反而玩得风生水起。这一切都要归功于他的互联网思维。

雕爷对互联网思维有着自己的定义：通过互联网传播找到目标客户群，让目标客户群与自己进行互动；以用户为中心开发产品，用互联网收集用户的反馈意见，迅速改良产品和服务，再针对目标客户群进行再传播。

尽管雕爷之前并不熟悉餐饮业，但他借助互联网思维开展了独特的连环营销。第一步就是在正式开张前搞封闭性测试。

封闭测试，简称封测，原本是游戏行业的一种常用手段，即一款游戏在正式开发之前，会先由公司员工或少数游戏玩家试玩，这是游戏制作的最初测试。雕爷牛腩餐厅在2013年5月20日开业前，不惜砸钱近千万，搞了长达半年的封测。明星大腕与各界美食家接到“封测邀请码”，纷纷前来试吃。雕爷根据封测的反馈意见不断进行修改，果然在正式开业后大受欢迎，大获成功。

雕爷之所以冒险搞封测，有两个目的：一是利用这半年的时间对客户的喜好做精准调查，以改善菜品，提高服务，磨炼团队；二是借助参与封

测的明星与美食家的力量，在互联网上开展粉丝营销。

雕爷牛腩的定位是“轻奢餐”。所谓“轻奢”，就是轻度奢侈。轻奢餐的价位略低于豪华餐饮，但使用的都是高级食材。“无一物无来历，无一处无典故”，是雕爷牛腩追求的理念。为了追求菜品的高品质，雕爷做了一件很轰动的事——花500万元独家买断了香港食神戴龙的牛腩配方。餐厅的上菜顺序是：前菜、汤品、主菜、甜品。雕爷牛腩认为一次完美的晚餐应当像古典交响乐一样有起承转合，让顾客充分享受美食给舌尖带来的起伏变化。

雕爷曾说：“对这个餐厅，我宁肯关掉，也不想降低档次做平庸的菜品和味道。”这不仅需要有好厨师，也对服务人员的素质提出了更高的要求。这对于没有任何经营餐厅经验的雕爷团队来说，无疑是很大的挑战。

砸钱进行半年封测，无疑要承担极大的商业风险。但换个角度来看，这恰恰是一种将风险降至最低的谨慎做法。

传统的中式餐厅是先开店后磨合，不断推出新菜品，再根据销售量来调整。如果开始推出的菜品很受顾客欢迎，餐厅就能迅速火爆。反之，如果最初推出的菜品得到顾客的差评，餐厅很快就会关门。此外，如果服务队伍不经过长期的训练磨合，是不可能提供高水平特色服务的。如此一来，雕爷牛腩追求的特色菜品及服务就会不够成熟，就很难被消费者所接受。

封测同样也是一个磨合的过程。但由于测试人群较小，不足之处可以及时与试吃顾客进行沟通，所以批评意见不至于一下子传得满城皆知。而且，餐厅邀请的试吃者大多是名人，对菜品与服务远比一般顾客要挑剔。所以经过半年时间的磨合与锻炼，顾客看到的不再是初入行的新手，而是菜品与服务都已经相对成熟的雕爷牛腩。

雕爷牛腩选择的是“发展快，前景大，但可以前期不赚钱”的商业策略。没有“前期不赚钱”的觉悟，企业很难有魄力去实践半年封测期。

在互联网经济时代，个性与特色才是得胜之道。雕爷牛腩就打破了许多传统。例如传统中餐馆的菜单往往有上百道菜，而雕爷牛腩却极力简化菜单，算上甜品也不过二三十道菜。但每道菜都极尽巧思，选择最佳食用时间，而且会根据季度更新菜单。此外，雕爷牛腩还一口气高薪聘请了四位世界顶尖厨师长来充实自己的“创新厨房”。

之所以打特色牌和品质牌，是因为雕爷牛腩将目标客户群体锁定为优质白领。

优质白领的月收入普遍较高，但又不足以每周到五星级酒店消费。这个群体的消费观念是追求“赏心悦目”的艺术享受。高端大气上档次，而且价位不算太高的“轻奢餐”，正好符合其需求。正是为了培养稳定的优质白领客户群，雕爷牛腩才不断地精益求精，花血本进行封测，以求正式开业后能迅速赢得顾客的青睐。

在半年封测期中按兵不动，并不代表雕爷牛腩放弃了为营销造势。

封测邀请的名人、美食家、小明星们经常发微博点评雕爷牛腩。粉丝们看到偶像晒菜品时，也对雕爷牛腩产生了浓厚的好奇心。据说封测期内出现过一个小插曲。作家韩寒因为没有预约，被餐厅的服务员拒之门外，他后来打电话托朋友帮忙，才得以进店用餐。

雕爷牛腩一边邀请名人大V试吃，一边故意玩神秘，使得粉丝们纷纷猜测这是一个什么样的餐厅。果然，正式开业才两个月，雕爷牛腩就成了商场里翻台率最高的餐厅。

朝阳大悦城和颐堤港的雕爷牛腩餐厅，都处于商场比较偏的位置。但雕爷充分运用微博与微信等互联网工具，改变了不利条件。

在开业前夕，雕爷邀请了日本艺人苍井空等明星光临自己的餐厅。这一幕被微博大V发到微博上。随后苍井空发微博证实此事，这条微博的转发量瞬间高达4.5万次，很快上了当天的热门话题榜。

除了正面消息外，雕爷还通过争议话题来进行炒作。很多网友批评雕爷牛腩那条“不让12岁以下儿童进入”的规定。雕爷不断转发这些抨击自己的微博，化争议为流量，进一步扩大了雕爷牛腩的知名度。

雕爷深谙互联网上的粉丝文化。一个产品品牌做好了，就能得到一批铁杆粉丝。越是有人骂，铁杆粉丝对品牌就越死忠。粉丝与反对者之间的骂战，能在很大程度上炒热话题，客观上增加传播流量，最终受益的还是品牌。通过微博互动，雕爷牛腩培养出了自己的粉丝团，将粉丝经济的效益发挥到了极致。

为了经营好粉丝，雕爷每天都盯着微博、微信，一旦发现用户对菜品或服务有什么不满意，就立即回复交流，并根据反馈意见来改善餐厅的经营。

雕爷牛腩每个月都会调整菜单。每道菜的去留，都以粉丝的评价为依据。也就是说，粉丝认为某道菜不好吃，这道菜就可能会被剔除出菜单。此外，雕爷牛腩还宣称：如果粉丝在用餐时有何不满，可凭官方微博回复获得赠菜或者免单等优惠。每次雕爷牛腩推出新菜品，都会给老客户发微信，介绍新菜的图片、口味。

这些充满"诚意"的举措让雕爷牛腩的粉丝团越来越死忠，而其餐厅也在粉丝的支持下越来越红火。

2. 飞跃鞋：老国货也能卖出新思路

自从改革开放以来，不少老国货纷纷淡出市场，给几代中国消费者留下无尽的回忆与感慨。曾经风靡大江南北的飞跃鞋，也险些沦为时代的弃儿。但它还是顽强地融入了互联网经济，逐渐焕发出新的生命力。

1959年，被称为"民用解放鞋"的飞跃鞋在上海大孚橡胶厂诞生。飞跃鞋堪称当时最畅销的品牌之一，仅在问世首年就生产了161.6万双。此后，"飞跃FEIYUE"这款经典胶鞋屡次获得上海和全国大奖，并在1980年注册成为商标。80年代是飞跃鞋的鼎盛时期。在那时，飞跃鞋也是有钱人的象征之一。

1993年，大孚橡胶厂授权上海大博文鞋业有限公司使用飞跃鞋的商标。2007年，大博文鞋业把FEIYUE的商标口头授权给了法国"球鞋怪人"派特斯·巴斯坦。结果，法国人注册了FEIYUE的国际商标，让飞跃鞋的品牌问题出现了分歧。

法国飞跃官方网站描述道："FEIYUE这个商标发源于上海，这种运动鞋最早出现在1920年，这种轻便鞋受到中国各个阶层的欢迎，并且在2006年跨越国界来到欧洲，然后被一群对运动和都市文化着迷的人挖掘出来。"丝毫不提上海大博文鞋业有限公司。

于是乎，大博文生产的飞跃鞋继续面向中国市场，法国的FEIYUE鞋则致力于占领海外市场。

凭实而论，飞跃鞋在国内早已不复当年盛况。孰料法国设计师重新设计了飞跃鞋，并将其摆在了巴黎大型时尚卖场最显眼的柜台。

派特斯改良了制鞋工艺，将原版飞跃的宽大鞋型改成瘦削型，造型凸显流畅的线条感；增厚帆布和衬里，让鞋子更坚固耐用；增加鞋底与鞋垫的厚度，使之更具舒适感。原版飞跃鞋只有单一的白色。派特斯团队则开发出几十个色调款式，调整了胶水、胶皮、鞋带金属孔，而且采用精美鞋盒包装，内附说明小册子。

此后，法国版飞跃鞋迅速成为众多国际明星的宠儿，登上了时尚杂志页面，畅销法国、英国、荷兰、比利时、加拿大、日本等国。谁也想不到，老国货居然能在海外迎来第二个春天。

墙里开花墙外香，原因何在？

一方面，欧洲时尚界当时推崇复古风与中国元素。日益没落的老国货飞跃鞋，被法国设计师认为很有重新开发的价值。他们对飞跃鞋进行了重新包装，还给不同款式的鞋子取了专门的品牌名称。例如一款粉红色款型的女鞋名叫"甜蜜的风"。与此同时，法国人还专门建立了飞跃网站，与消费者经常保持互动。针对当代人崇尚个性与创意的特点，飞跃网站还帮飞跃鞋建立了"个人档案"：

出生地：上海

状况：单身

星座：天蝎

根据时尚标准重新包装老品牌，是法国人的成功之道。反观大博文鞋业，对市场变化缺乏敏感度，只是按照耐穿、舒适的旧标准制鞋，根本不考虑包装因素。尽管大博文发扬了飞跃鞋重视“脚模设计”的优良传统，确保了产品的舒适度与耐用度。但遗憾的是，落后的经营理念限制了飞跃鞋在国内市场的发展。大博文后来转向了外贸加工，凭借出色的脚模设计技术，成为国外球鞋品牌的生产基地。

“中国品牌”沦为“外国贴牌，中国制造”，这不能不说是一个悲剧。在互联网经济时代，消费者的需求呈现出多元化的趋势。质优价廉不再构成企业的核心竞争力，品牌营销的重要性与日俱增。法国版飞跃鞋的成功正是善于品牌经营的结果。

事实上，法国飞跃鞋生产商的创业基础并不好，资金与企业规模都远不如上海大博文鞋业。但法国人充分利用了互联网这一有力工具，逐步打开了局面。

缺少资金做广告，他们就建立飞跃网站，通过与网友互动来宣传这款中国老国货；没有经销商代理，他们就自己开网店直接销售；请不起大腕明星做形象代言，他们就通过朋友圈子找模特与街头艺术家穿鞋拍照；为了吸引眼球，他们还编写了一个故事，把飞跃鞋说成是闻名天下的少林寺武僧习武时穿的“功夫鞋”。经过一番努力，法国版飞跃鞋形成了自己的粉丝团。通过网络粉丝的推广传播，法国版飞跃鞋很快成为人们关注的焦点。品牌上市的第一周，就有10家零售店加盟。两周后，飞跃鞋就上了十六七家店的货架。

迄今为止，法国版飞跃鞋已推出6个系列品牌。法国3人小组没有独立开店，而是选择和巴黎香榭丽舍大街的体育用品商店与市内集市广场等大型时尚卖场开展合作。目前他们已在全球49个国家拥有“FEIYUE”商标。

由此可见，善于使用互联网工具与粉丝营销的企业，可以用更小的成本来塑造品牌形象，扩大市场影响力，获得丰厚的战果。飞跃鞋在国内外市场的不同表现，雄辩地证明了互联网思维的重要性。

与法国人的不断扩张相比，国内飞跃鞋的复兴显得颇为缓慢。国内的飞跃鞋采用经销制，只在天猫开了两家网店。这是因为飞跃鞋在电子商务中存在一个短板——SKU（库存量单位）数不足。所以，飞跃鞋的天猫店铺除了卖飞跃鞋之外，还卖回力等其他品牌的鞋。

飞跃鞋上海地区总代理田波开了一家淘宝集市店。这也是一个飞跃鞋的网络销售窗口。与天猫店不同的是，淘宝集市店主要出售定制款飞跃鞋，而且不打折。

飞跃鞋在互联网上的推广，包括豆瓣、微博、博客、街旁等平台。而它的推广方式其实很普通，例如通过给门店里的小猫拍照来宣传门店。

随着国货热的兴起，许多乐队或民间团体特别喜欢飞跃鞋。田波的淘宝集市店卖得最好的是经典款和定制款的飞跃鞋。

飞跃鞋的价位为35~128元。而在田波的集市店里，定制款飞跃鞋的价格一般为60元左右，手绘定制费在60到440元之间浮动。具体价格根据顾客所选图案的复杂程度而定。网店每天能接到3~5个订单。大多顾客都是不询价直接下单，管理起来十分容易。只要把后台的订单发给仓库，打包发货就算完成交易。集市店模式方便快捷，发展潜力很大。

Chapter 6

吐槽化传播

用户体验下的口碑传播

“吐槽”是个舶来词，大概意思是揶揄、抬杠、拆台、揿老底。中国相声里的“逗哏”，扮演的就是吐槽的角色。网民们把被吐槽的对象称为“槽点”。一段漏洞百出的新闻，一句前后矛盾的话，一个错别字，甚至一句牛头不对马嘴的吐槽，都可能成为槽点，招致更多围观者的猛烈吐槽。

吐槽是互联网文化中的常见现象。吐槽不是没事找事、主动嘲讽，而是用客观正确的常识对不靠谱的槽点做出反击。例如，有人说诸葛亮、诸葛孔明、卧龙先生是三个人，就构成了一个槽点。围观群众说：“博主的历史课是体育老师教的吧！”这就是一句吐槽。

吐槽是广大网民日常生活中不可缺少的一部分。发达的互联网一方面扩大了信息传播的渠道，一方面也让许多以讹传讹的错误知识像禽流感一样四处蔓延。人们每天都能发现现实生活中与网络上的槽点。于是，对种种离谱之事做出快、准、狠的吐槽，成为全民免费的娱乐项目。

精彩的吐槽不仅一针见血，而且能让人捧腹大笑。刷微博的网民每天不转发一两个吐槽，感觉就跟没完成当天的上网任务一样。绝妙的吐槽会带来很高的评论数与转发量，并吸引更多人参与吐槽。吐槽复吐槽，一不小心，微博上的热门话题就出来了。这便是吐槽引发的蝴蝶效应。

企业不光要重视粉丝的点赞，也要重视路人与反对者的吐槽（粉丝有时候也会吐槽）。因为吐槽能带来争论，争论能产生热点，如此一来，知名度就上升了，品牌的口碑也就形成了。

1. 吐槽与评分，得民心者得天下

美国苹果公司联合创始人史蒂夫·保罗·乔布斯从来不为苹果聘请咨询公司做市场调查。但不要因此以为乔帮主是凭感觉做生意，恰恰相反，他非常重视用户的反馈意见。乔帮主虽然不搞常规意义上的市场调查，但每次苹果向市场投放新产品时，都会主动给用户发一个调查网页，非苹果用户根本收不到这些。乔帮主这样做并非不尊重消费者，而是因为他很清楚，与其在非苹果用户身上浪费精力，不如提高苹果粉丝们对苹果产品的评分。

在互联网时代，每一个品牌和每一款产品都要接受全民吐槽的考验。根据阿罗不可能性定理，人们的偏好千差万别，你无法同时让所有人都满意。在价值观多元化的今天，富有娱乐精神的广大群众，不但会把自己不喜欢的产品抨击得体无完肤，甚至连自己喜欢的东西都要吐槽。

乔帮主对大环境理解深刻。他认为，用户只会抱怨，并不懂得自己真正想要什么。用户的抱怨就是企业创新的源头。谁会不停抱怨你的产品？当然是你的粉丝——产品的忠实客户。

海量的商品信息增加了消费者的选择机会。但实际上，人的精力有限，没人会在自己厌恶的东西身上浪费时间。大部分消费者只会迅速捕捉自己感兴趣的东西，然后进行长期关注。除非山穷水尽，否则一般人不会轻易改变自己的喜好。所以说，愿意一直对你的产品吐槽、挑刺的用户，反而是忠诚度极高的真爱粉。

对于一个产品来说，用户评分越高，意味着产品口碑越好，品牌做得越成功。用户对产品缺点进行吐槽，并不等于做出差评，他们只是希望产品能根据自己的反馈意见改进得更完善而已。运营者应该倾听粉丝用户的吐槽，让他们参与产品的成长，并通过改良产品获得粉丝们更高的评分，从而提高产品的销售量与影响力。这就是所谓的“得粉丝用户心者得天下”。

把用户支持率量化为可对比的参考数据，是评分体系的本质。豆瓣网和淘宝网都是通过评分体系来赢得更多用户支持的。

当代人的文化娱乐生活空前丰富，再加上发达的互联网，让广大草根网民获得了前所未有的话语权。写下自己的评论，发出自己的声音，这是人们在网络日常生活中最重要的活动之一。豆瓣网就是一个收集各种评论的网络平台。在那里，每个用户都能自由发表对图书、电影、电视剧、音乐的点评。假如闹书荒、片荒、乐荒的话，用户还能在豆瓣搜索别人推荐的图书、影视和音乐。

豆瓣更像一个集多功能于一体的社交网络，每个人都能在这里找到志同道合的“知音”。豆瓣主页推荐内容的分类、筛选、排序，都是由用户决定的。特别是用户对图书和电影的评分，在很大程度上代表着该产品的市场口碑。因此，图书出版商和电影制片方也高度关注豆瓣的用户评分。

为了宣传新上市的图书和电影，很多公司甚至会聘请专业水军在豆瓣等网络上拼命给自己的产品打高分、刷好评，为的就是提高产品的评分，让更多的人看到并进一步消费。例如，豆瓣推出了网上“选座购票”服务，让观众们购买电影票更加方便、快捷。

豆瓣会把所有新上映的电影挂在首页，并显示用户评分。虽然观众们通常会根据题材与演员来选择电影，但如果电影评分太低的话，他们可能就不愿意花钱去电影院了，而是等着几个月后的网上免费视频。尽管都能出现在推荐首页，但评分的高低将极大地影响电影的票房成绩。

例如，徐峥和王宝强主演的《人再囧途之泰囧》，是小成本赢得大票房的成功典范。这部电影的火爆就离不开豆瓣等网络影评的推动。

《人再囧途之泰囧》最初在豆瓣上的评分在8.9分左右徘徊，到了数年后的今天（2014年6月3日），评分下降到了7.6分。这部小成本的电影在当时得到了许多好评。不少观众表示，徐峥和王宝强制造出的笑点让人肚子都笑痛了，甚至一直从片头笑到片尾。

豆瓣网友“和菜头”给《泰囧》打了4星评分，他说：“终于有一部真正的贺岁片了……”

面对质疑的声音，和菜头在影评中说：“我知道很多人又要说我是帮人营销，拿钱吹捧。但我可以负责任地说，这个分析完全是正确的。在这个故事里，徐峥从2000万的制作费里艰难地划出来一笔钱给我，要求我帮他做营销。如果票房大卖，他承诺我可以和范冰冰晚餐。关于这个故事，我还有第二个版本。在这个版本里，我根本不认识徐峥，纯粹是看完电影之后因为喜欢而义务写这篇东西，以此纪念我的朋友们当年在看完《疯狂的石头》之后，自己掏钱买票在街上发给路人以此支持宁浩的壮举。前后两个故事，你更愿意相信哪一个？”

豆瓣网友“无限逸散”只给《泰囧》打了3星，她点评道：“本来去看泰囧就是图一个乐，我从来没有在此之上的要求，从没有想过看到内涵或是什么其他的。但是现实就是我没有乐！”

豆瓣网友“隔壁家的山田君”对《泰囧》的评价很具有代表性。他说：“这是一部既没有什么文化艺术内涵，也不代表行业顶尖水平，但是至少做到了扎实稳健，忠于类型的合格喜剧片。结合国情来看，它很符合最广大劳动人民群众的幽默及审美趣味。对这样一部主流贺岁片，你喜欢，可以；不喜欢，也可以。不管你看完这个片子是什么反应都合情合理。但是不管你自己态度如何，只凭主观臆断就说意见不同的人是水军，糊你熊脸。”

豆瓣网友“麻绳”评论说：“遗憾的是，我看完以后，并没有找到这部电影受到如此追捧的必然性，它合格，但并不优秀；它值得鼓励，成功却难以复制，因为内在的决定性因素不够。这也可说明我们以前所做的喜剧都太枉顾创作规律和观众体验了，所以这不是一件多么令人欣喜的事情，它证明了以前很多人的努力实际上是徒劳的，在这一类影片上，我们还站在起跑线上。”

上述四则影评只是豆瓣用户影评中的九牛一毛。我们从中不难发现，对《人再囧途之泰囧》打分高的网友，会被网民认为是收钱炒作的水军。

而对这部电影给予凶猛吐槽并打低分的网友，也会遭到同样多的质疑声。

吐槽者被吐槽，是互联网上的常见现象。我们很难弄清楚豆瓣网上那些写下长篇影评的网友，谁是普通观众，谁是拿钱造势的水军。但可以肯定的是，质量本身太烂的电影，靠水军造势也是扶不上墙的。不同的影评人，在吐槽《泰囧》并吐槽对方意见时，已经在客观上为这部电影制造了声势。

在互联网经济时代，流量代表着影响力。吐槽越多的东西不一定越好，但知名度一定比没“槽点”的东西更高。没人愿意吐槽，也就没人愿意评分。没有评分，产品就不会形成口碑，也就没有知名度和影响力。

想要树立更具影响力的口碑，就应该设法引起大家吐槽。特别是那些对产品不离不弃的粉丝用户的吐槽，将成为企业完善自己的动力。让用户尽情吐槽，然后根据反馈意见改进自己的产品和服务，赢得用户的好评。利用吐槽和评分来吸引更多消费者的关注，是玩转互联网经济的重要手段。可以说，谁能培养出一批勤于吐槽且愿意给你高评分的忠实用户，谁就能在市场竞争中长盛不衰。

2. 吐槽也能做营销——产品营销要学会“逆袭”

常听朋友感叹道：“很多好片都叫好不叫座，倒是××拍的雷剧风靡荧屏。”例如，电影《大明劫》被众多历史剧爱好者认为是近些年来少见的“良心之作”，但这部古装战争片的票房却颇为惨淡。反观被千夫所指、万人唾弃的雷剧《天机·富春山居图》，却赢得了不俗的票房，成为“叫座不叫好”的典型案例。吐槽反而让雷剧更火爆，如此毁人“三观”的现象，恰恰说明了吐槽天生就是一把营销利器。

《天机·富春山居图》是由香港影星刘德华、台湾美女艺人林志玲、内地演员佟大为等人联合出演的商业片。该片在豆瓣网上的评分目前仅有2.9分。这个惨不忍睹的评分，完全无法抹杀其“逆营销”的成功。

这部“千夫所指”的电影到底烂在哪里呢?

豆瓣网友“桃桃淘电影”吐槽道：“年度超级混搭大片：综合了科幻、特工、动作、夺宝、农村题材、国产警匪剧、古装、抗日神剧，还有点恐怖片戏份，并有SM、恋母元素，辅以魔术、杂技及艺术体操。偶尔还有几个离奇的笑点，超好笑的那种。叙事一塌糊涂，人物关系莫名其妙，转变也乱码七糟，故事讲得东一句西一句，看得稀里糊涂，一星半鼓励下。”

网友“月下离·百花杀”说：“我清楚地记得，在电影开始后15分钟，我第一次看了表。然后每隔半小时要看一次表。看到一半时，我问自己，是什么支撑着我看到现在……看完时，我很清楚。回家的路上，我在想，怎么说呢。其实很简单，这是一部你不知道烂在哪里的片子，真的……我敢说，我这一生到现在，没有一部电影给我如此独特而又无法描述的感受。所以一星送给这部无法描述的影片。”

网友“芦哲峰”说：“整体不伦不类，细节不清不楚；感情不明不白，剧情不管不顾；人物不三不四，动作不上不下；一星不多不少，雷剧不折不扣。”

网友“小Z™”说：“五流导演四流剧情三流特效二流演员一流雷剧下流思想，如果此生我还能和谁再看一遍《富春山居图》，那只能说明我是真心喜欢这个人。不！是真爱！我想和她享受一起吃苦的幸福！”

从上述观众吐槽中不难发现，《天机·富春山居图》的确是一部口碑不好的电影。然而消费者的好奇心总是出乎人们预料。已经看过这部雷剧的观众，在社交网络上不遗余力地吐槽着该片的不靠谱程度。这些带有强烈感情色彩的吐槽，涌现出不少令人拍案惊奇的犀利妙语。各种精彩的吐槽，让那些还没进电影院的观众们越来越好奇这部雷剧到底有多烂？在好奇心的驱使下，很多原本不打算看此片的观众，也忍不住掏钱去电影院，亲自验证各种吐槽的真实性……

也许是因为心里不抱希望，部分去影院验证吐槽的观众，反而觉得此片没烂到令人发指。这又进一步勾起了其他潜在观众的好奇心。于是，大家纷纷不惜花钱买票去验证此起彼伏的“差评”。尽管大多数人最终还是将此片定为“雷剧”或者“比较烂的片”，但他们对票房的实际贡献却是不折不扣的。

雷剧引发吐槽，吐槽导致围观，围观产生好奇，好奇促成消费，消费成就票房。

到头来，全民吐槽风波反倒让《天机·富春山居图》实现了“逆营销”，用票房狠狠地逆袭了糟糕的口碑。这在过去几乎是不可能完成的任务。但在全国人民用微博、微信等网络平台不断吐槽、彰显个性的今天，奇迹就这样出乎意料地产生了。

《大明劫》在豆瓣上的评分为7.7分，远远高于《天机·富春山居图》。但它与后者最大的差距，就是无法形成吸引人关注的话题。

如果要挑刺的话，《大明劫》绝非完美无缺。这部电影的节奏太过平缓，故事的主人公对大多数非明朝历史爱好者来说太陌生。激烈的战争场面较少，全片气氛压抑凝重。故事虽有深刻寓意，但情节太过平淡。

《大明劫》算是一部比较优秀的历史剧，只是过于乏味，难以挑起大家吐槽的欲望。

在这个自媒体高度发达的年代，没有吐槽就没有争论，没有争论就不会有互动，没有互动就无法炒作成热门话题。而在互联网经济中，制造不出热门话题就等同于产品缺乏“卖点”。

现在的观众口味挑剔，欣赏视角多变。无论是喜欢还是讨厌，都能挑出作品的毛病进行吐槽。但问题是，能吐槽不等于想吐槽。

全民吐槽的风气与观众们需要寻找发泄工作、生活压力的宣泄口有关。他们一边吐槽“雷剧”，一边推荐所谓的“业界良心”。但更多精力还是放在吐槽“雷剧”上。每到一部新的“雷剧”播出，狂热粉丝会拼命点赞，而不喜欢这部片的观众会每天吐槽。既然要找“槽点”，自然要把片子从头到尾都看一遍。反对派边看片边吐槽，用考据知识打剧组的脸，跟狂热粉丝在网上掐架。如此一来，“雷剧”的收视率自然就提高了，热门话题也被网友们自发制造出来。这样，“雷剧”逆袭成功也就是情理之中的事了。

这种现象其实包含了一些心理学因素。

粉丝与粉丝之间相互点赞，可以愉快心情，但不能释放压力。因为彼此观点趋同，没有什么值得争论的地方，措辞自然是友好而缓和的。然而，释放压力就要宣泄积压的负面情绪，唯有激烈的行为才能实现这个目标，比如吵架。吵架是对抗性行为，毫无顾忌地争吵，能让人尽情地宣泄情绪。反对派与狂热粉之间拉帮结派吵群架，不但能促进各自圈子的团结友爱，还能得到生活中不易出现的狂欢机会。

通常，反对派的主要精力会放在吐槽“雷剧”而非推广“业界良心”上；而狂热粉也会因为反对派铺天盖地的吐槽声，把精力全部倾注在自己喜欢的“雷剧”（对于他们而言，这反而是“业界良心”）上。而各种吐槽多了，自然会产生“犀利酷评”。而不明真相的围观群众，开始会抱着看热闹的心态，搜索双方的“犀利酷评”。这些酷评大都是围绕该片的剧情细节展开的。没看过该片的观众很难完全理解其中妙味。于是乎，吐槽看多了，不明真相的围观群众也会纷纷去看引起争议的“雷剧”，然后加入反对派或狂热粉的阵营参与吐槽。这又会引来更多的围观群众……如是循环，吐槽就会升级为热门话题。可见，再烂的片，吐槽的人多了，也未尝没有起死回生的机会。

吐槽营销的本质是通过制造热门话题来提炼“卖点”。在吐槽炒作中，产品的附加值大大超过了其本身的价值。这种策略特别适合在某些方面先天不利的产品或作品。而口碑好的产品或作品反倒不太适合使用吐槽营销。

通常来说，人们更善于发现事物的缺点而不是优点，人们对“亮点”的讨论远不如对“槽点”的关注上心。因为批评缺点、调侃槽点，更容易体现出自己在学问、见识上的高明。而且在大多数人的潜意识里，真正的亮点是无法用任何语言来赞美的。而讽刺槽点没什么技术含量，是人人可以参与的活动。在互联网经济时代，用户追求高度的参与感，低技术含量的活动更容易满足这种心理需求。

需要指出的是，吐槽引发的“逆营销”并不意味着口碑不重要。在大部分情况下，仍然是评分高的作品或产品更能赢得消费者的认同和支持。

如今市场上供应的文化产品良莠不齐，“业界良心”不多，远远不能满足胃口日益挑剔的观众。大家实际上是把吐槽当成主要娱乐活动，然后顺带看个片找吐槽话题罢了。这就是为什么三观不正、逻辑混乱的“雷剧”反而比制作认真的“诚意之作”更火的原因之一。在优秀作品越来越多的将来，雷剧靠吐槽营销来逆袭成功的空间将越来越少。

3．口碑传播：市场营销中不可忽视的“吐槽经济”

古人常在石碑上刻下文字，记录自己的功德，故而后世以“口碑”比喻人们对某事的赞扬。凡是人人称赞的事物，都可以用成语“有口皆碑”来形容。口碑是无数好评累加的结果。在通讯不发达的过去，人们通过口口相传的方式来传播信息。而决定产品销路的因素，正是顾客的口碑。人们对中华老字号品牌的认可，同样是出于对其数百年口碑的信任。

口碑传播的实质是在消费者心中建立信用。正如评分高的产品更容易吸引顾客，口碑好的品牌能大大增强顾客的信任度。口碑堪称企业成功的基石，所以在市场营销中不能不重视口碑的传播。

在过去，产品的口碑主要来自朋友、亲戚、同事等小圈子，传播范围较为狭窄，且传播内容主观性强，缺少验证手段。随着互联网的发展，特别是社交网络的普及，人们获取及传播信息的效率越来越高。人们在网络上打听产品的消息，能够获得更多的反馈意见。有趣的是，许多人对产品广告持有怀疑心理，却相信社交网络媒体对产品的评价。而做出网络评价的，往往不是消费者熟人圈子里的成员，而是素未谋面的陌生人。有同样经历或价值观的陌生人更容易引起共鸣，这是网络时代社交的特点。

前面提到过，企业的成功离不开铁杆粉丝，而粉丝思维重视参与感与体验感。最能体现参与感与体验感的活动莫过于粉丝的吐槽。

网络自媒体的兴起打破了传统新闻媒体对信息的垄断。在普通消费者心中，媒体播放的广告与鉴定栏目的公信力，远不如自己所在的社交圈子的意见交流靠谱。一位在社交网络圈子颇受欢迎的网友的评价，常常会影响到其他网友的看法。如果他说某种东西好，而且附议的网友非常多，那么最终很可能整个圈子都会推崇这种东西。反之，整个圈子可能会集体抵制这种东西。这便是人们通过互联网建立起来的新的信用体系。

互联网的传播速度奇快，一个新信息在几天内就能传遍全球。特别是网民们带有娱乐性质的吐槽，会激发人们的吐槽欲望和转发热情。无论是差评还是好评，都能为产量宣传带来更多的点击率与流量。如此一来，产品的口碑就会呈现出爆炸式扩散的趋势。

互联网让口碑营销焕发了新的生命，时不时会催生一些过去想都不敢想的经济奇观。

例如，前面提到的电影《人再囧途之泰囧》，刚在电影院上映两天就收回了成本，20天后全国票房就突破了10亿元。这部喜剧最终累计观影人数超过3800万人次，票房成绩为12.36亿元。就连进口好莱坞大片《阿凡达》也要甘拜下风。这些成绩是徐峥和王宝强事先没有预料到的。《泰囧》成功最主要的原因是口碑营销得力。

有一种游戏叫“多米诺骨牌”。游戏时将骨牌按一定的间距排列，推倒第一张骨牌后，剩下的骨牌也会依次被推倒。于是，人们就把一个较小的初始能量所引发的连锁反应称为“多米诺骨牌效应”。

口碑营销的原理与多米诺骨牌效应如出一辙。一个用户把对某事物的好评（或差评）传递给自己的若干亲友，然后这些亲友再传播自己的看法。尽管信息每传播一层，影响力也会跟着减弱一些，但影响的人数却是呈指数增长趋势。最容易把口碑炒成热门话题的手法不是别的，正是网民富有娱乐性的吐槽。

与票房口碑名利双收的《人再囧途之泰囧》不同，由湖南卫视快乐大本营主持团队“快乐家族”参演的电影《快乐到家之百万宝贝》，虽然口碑不佳但是票房却不错。该片首日的票房就超过了由著名导演王家卫出品、香港影帝梁朝伟出演的动作片《一代宗师》。但迄今为止，这部喜剧在豆瓣网上的评分仅为3.3分。

豆瓣网友“MysterioJr”吐槽道：“这种无下限，无智商，无剧情，无节操的人拍了一部这种无下限，无智商，无剧情，无节操的片子能上映本身就已经够下限了。”

网友“木头王”的评价很不客气：“实在没其他时间，又不想浪费免费票（这就是踩时限用票的后果），我去看了这部无下限的电影。看了3分钟，浑身的寒毛就开始全部起立，再看几分钟，一种晕眩的感觉，再坚持几分钟，胃液开始翻腾。最后，我实在忍受不了地跑出了电影院。”

网友“炫烁小子”则说：“自以为是的故事逻辑，并有不可理喻的因果关系。频繁使用的蹩脚英语与其说是为了喜剧效果，不如说是用无知当无畏。表演的僵硬、夸大仿佛出自同一副模具。电影就像风化的甘蔗，一口的渣滓却没有糖水。”

在豆瓣网上，类似上述观点的差评占了绝大多数，措辞一个比一个狠。由此可见，《快乐到家之百万宝贝》与《天机·富春山居图》同样属于“叫座不叫好”的典范。

既然口碑如此糟糕，为什么《快乐到家之百万宝贝》的票房成绩反而超过大牌云集的《一代宗师》呢?

有记者在调查后得出了一个结论——这是粉丝电影的胜利。

在互联网经济中，粉丝的力量几乎是决定性的。谁的粉丝多，谁就能做得红火。十几亿中国消费者的审美观点千差万别。与总人数相比，不同兴趣爱好的粉丝团都属于“小众”。但“小众”与“小众”之间的数量差距却是惊人的。截止到2014年6月3日，快乐大本营官方微博的粉丝数量为6434172，电影快乐到家（即《快乐到家之百万宝贝》制片方的官方微博）的粉丝数量为508378，而一代宗师（即《一代宗师》制片方的官方微博）的粉丝数量仅为22488。

网络上的粉丝数通常含有水分。但就算打折扣计算，这样的票房支持率已经不低了。《一代宗师》与《快乐到家之百万宝贝》的粉丝数整整差了一位数，这就决定了王家卫首部功夫巨制“走麦城”的命运。

在豆瓣上给《快乐到家之百万宝贝》差评的观众，大多不是快乐大本营的忠实观众。而支持这部“烂片”的正是快乐大本营的铁杆粉丝团。这部电影在其他观众眼中可能奇烂无比，但其定位非常准确——“快乐家族”粉丝团、放假的青少年学生等目标消费者。特别是粉丝团对快乐大本营这个品牌高度忠诚，他们会排除万难，顶住一切反对声音，去支持自己喜欢的东西。

《快乐到家》的观众口味偏向于“爆米花”电影，既不需要文艺片的晦涩，也不想看灾难片的沉重。剧情有无逻辑硬伤不要紧，只要能让人轻松乐呵就行。这部喜剧片市场定位准确，满足了粉丝观众的需求。因此，虽然在豆瓣网上差评连连，但还是得到了广大快乐大本营粉丝的支持，赚足了票房。

这个案例似乎表明，观众的凶猛吐槽对影片缺乏足够的实际影响力。其实不然。口碑的形成与传播，并不只是粉丝在做，几乎所有网民都有可能参与。所谓“口碑好”，是指作品既得到粉丝的热爱，“路人”也很喜欢（至少不反感）。而所谓“口碑差”，是指作品只有粉丝愿意力挺，其他各种“路人”都看不顺眼，甚至成为粉丝的死对头——“黑”。

在“路人”与“黑”的激烈吐槽声中，信息被传播得更广、更远，促使更多粉丝跑去支持该产品或作品。反对者的吐槽越是不留情面，粉丝们就越会抱团一致对外，以各种形式支持自己所喜爱的东西（甚至不惜刷下限）。如此一来，企业想要的口碑营销效果就达到了。

4. 互联网思维的核心是口碑

在2014年IT领袖峰会上，小米科技总裁雷军提出了一个有趣的观点：互联网思维的核心是口碑，而口碑的核心是超（用户）预期。雷军的演讲在网络上引发了激烈的讨论。点赞者有之，批驳者有之。但没人可以否定，小米科技的成功正是因为把口碑的力量发挥到了极致。借助网络互动交流，推出超过用户预期的产品与服务，从而把用户变成自己的粉丝，然后再通过这些粉丝们在各网络平台进行口碑营销。这便是互联网思维的方法论。

口碑的实质是通过用户的好评来积累品牌的信用度。这里面既包括用户对品牌的信任，也包括其他用户对用户评价真实度的信任。

口碑通常是在亲朋好友之间传播的。相比于不知底细的陌生人，人们显然更信任自己的亲朋好友。就算亲友平时十句有九句吹牛皮，人们在关键时刻仍然会选择相信自己的熟人。从某种意义上说，熟人传播的口碑为品牌带来的高信用度，远远大于陌生人打出的广告宣传。

口碑营销自古有之，但受限于落后的交通通信条件，农业社会的口碑传播仅限于同村同族的人际小圈子。工业社会的通信技术大大扩展了人们的交际圈，但企业更多是在报纸、杂志、广播、电视等媒体上投入大量资金做广告宣传，而不是采用免费的口碑营销。这是因为企业与用户之间缺乏有效的社交渠道，无法进行频繁的互动交流。

只有在互联网时代，口碑营销的巨大潜力才能充分发挥。由于互联网平台的不断完善，用户不再是被动的信息接受者，而是可以直接与企业进行互动。而且网络让地球村的距离大大缩小，人们的交际圈空前扩大。过去的口碑传播范围最多是几十到几百人，而现在每一个网民都可以把自己对某个品牌的意见传播给成千上万的人。

互联网时代的口碑营销，可以称之为“网络口碑营销”。这种营销模式的精髓是将网络的传播力度与用户口碑的信用度相结合。具体而言就是，企业通过论坛、微博、微信、空间等网络平台与粉丝用户进行直接互动，借由用户制造的口碑信息来扩大品牌影响力，扩宽营销渠道。

大多数企业只把网络口碑视为传统广告的补充方式。但是以小米的互联网思维来看，这个做法是本末倒置的。传统广告虽然也是在制造口碑，但那是王婆卖瓜式的单方面推销，而互联网思维中的口碑是用户自己创造出来的。准确地说，是用户在与企业互动的过程中形成的，并非企业单方面灌输的结果。

与传统广告相比，网络口碑营销有着自己特有的优势。

其一，网络口碑营销的影响力大且成本低廉。口碑是用户对企业的评价。企业只有用过硬的产品与贴心的服务，才能换取良好的用户口碑。网络具有爆炸性的传播力量。尽管企业没有投入多少广告宣传费用，但网民会在网上聊天时谈及对某一企业的看法。企业的口碑通过网民们的日常闲谈不断地传播。好的口碑将被捧为“业界良心”，坏的口碑将沦为“千夫所指”。网络的聚焦力量会把口碑的影响力放到最大化。

如此一来，口碑营销的主要成本就是制造口碑传播源头。在用户中寻找号召力较大的意见领袖，通过意见领袖来带动口碑的传播。这种营销手段的成本比起传统广告形式要低得多，而且效果事半功倍。

口碑营销堪称最廉价的宣传方式，能让企业节省大量的广告支出。因此，拥有互联网思维的企业，应当改变不惜巨资投放广告和公关活动的传统观念，把注意力集中到笼络粉丝、培养意见领袖等工作上。这样才能发挥口碑这一营销利器的作用。

其二，口碑的可信度要高于其他广告形式。打开电视，广告插播一串串的；打开电脑，广告插件时不时弹出来。有用信息与垃圾信息混杂在一起，让消费者付出了大量的时间与精力。于是，消费者对媒体广告的信任度日益下降。与广告不同，口碑的传播渠道是亲戚、朋友、同学、同事等关系亲密的群体。这些人交情密切，彼此之间的信赖感远非陌生人与商家所能相提并论。所以，人们在购物前常常咨询亲朋好友的意见，通过产品或企业的口碑来判断是否值得购买。

研究表明，亲友的建议对消费者的最终决策影响很大。通过组织粉丝活动树立品牌的口碑，能有效改变目标消费者对产品的认知度。而且企业与粉丝直接互动所得到的反馈信息，要远比问卷调查、入户采访等方式丰富和真实得多。

口碑营销的核心是增强用户的信任感，让用户认为企业的产品与服务诚实可信。用户不是企业，具有独立的身份，故而用户之间传播的口碑更让人感到可信。

其三，口碑传播的针对性比传统广告更强。当产品或服务获得了良好的口碑后，就会被用户们广为传播。传统广告无差别面向大众，千篇一律，而口碑传播通常是网民间一对一的闲聊。消费者都有自己的生活交际圈子。圈内成员彼此相熟，且往往具有共同的爱好与审美观。圈子内部的日常交流往往会围绕爱好话题来进行。他们不是推销员，只会向亲友们推荐自己认为好的东西。社交圈子成员通常认为口碑相传比其他任何推广手段都要客观、中肯。

其四，口碑传播具有团体性。每培养一个品牌的忠诚粉丝，就意味着会影响到一个规模大小不等的社交圈子。不同的用户群有着各自不同的关注焦点。在相类似的品牌偏好与消费习惯影响下，他们构成了一个个紧密团结的小阵营。只要能影响其中几个人，几乎就能获得团体内大部分成员的支持。互联网时代的口碑传播，会以几何增长的速度在各个社交圈子扩散。

其五，口碑营销能提升企业形象。口碑糟糕的企业，意味着被广大用户所抛弃，最终将遭到市场无情的淘汰。在互联网经济中，用户数量，特别是忠实粉丝的数量是企业影响力与价值的象征。没粉丝就没品牌，没口碑就没粉丝。

出色的广告虽然也能提升企业形象，但在这个追求“眼球经济”的时代，不少广告宣传因为夸张，反而招致消费者的反感。口碑传播则不同。广告的内容是由企业决定的，而口碑的内容来自广大用户。只有对产品和服务的质量及性价比感到满意，消费者才会给出较高的评价。换言之，口碑的好坏与用户的满意度直接挂钩，比广告的夸张宣传更有说服力。

当企业获得好口碑后，品牌的知名度与美誉度也会水涨船高。良好的品牌形象，将进一步增强消费者与商业合作伙伴的信赖感。这是一笔价值巨大的无形资产，会大大促进产品的营销。从某种意义上说，口碑决定了企业的形象与发展前景。

其六，口碑传播能更好地发掘潜在消费者。出于种种因素，消费者们很喜欢跟他人分享自己的消费体验。例如，某家餐馆的菜品口味如何，服务态度如何；又如新买的商品有什么新功能等。假如消费体验是积极的，他们就会主动在自己的社交圈子里推荐。于是，企业就这样间接发掘出了更多潜在的消费者。

研究表明，一个向亲友推荐产品的消费者，能引发8笔潜在的交易，其中至少有一笔交易能成交；反之，一个对产品不满意的消费者，会导致25人的购买意愿减弱。可见，就绝对值而言，负方向口碑传播比正方向口碑传播的影响力更大。

消费者在购买产品时，通常考虑的是功效、质量、价格、售后服务等因素。第一次购买产品的消费者，会根据切身体会做出评判。这个评判结果将决定该产品在社交圈子内的口碑。潜在消费者会被好口碑激发购买欲望。因此，首次购买者的口碑，是最值得潜在用户信赖的传播形式。

其七，口碑传播会影响消费者决策。除了自身判断外，消费者通常会根据周围人传播的口碑来决定是否购买某一产品。假如自我判断可买，但周围的人都认为不该买，消费者就可能放弃交易。反之，消费者自我判断产品不可买，但周围的人都说好，他最终也可能下决心购买。所以，平时看似不起眼的产品，也有可能会在口碑营销的推动下变得热销。因此，具有互联网思维的企业，万万不能轻视消费者口碑的威力。

从本质上说，口碑营销也是一种广告。但与传统广告相比，口碑营销更有亲和力。口碑是互联网思维的核心，而为用户提供超预期服务则是口碑营销的核心。这种低成本、高效率的营销方式，将越来越受欢迎。

创富案例

1. 小米，用互联网思维颠覆传统产业

2011年12月18日，小米公司第一次在网上正式售卖小米手机1，仅仅在短短5分钟内就售完了30万台，火爆程度不输iPhone等名牌。到2013年，小米几乎是该年度业绩最火的企业。每款产品刚上市就被抢购一空。这个2010年4月6日成立的年轻公司，在短短三年中就跃升为业内最有影响力的知名品牌之一。这使越来越多的人意识到了互联网思维的重要性——用互联网思维颠覆传统产业，形成自己独特的游戏规则。

小米董事长兼CEO雷军认为，互联网思维最核心的内容是口碑！在互联网经济时代，没有任何推广形式会比用户口碑更重要。当初小米手机发布时，雷军撕碎了部下编制的3500万广告预算，大胆地做出了不做任何广告的决定，而是尝试通过用户口碑来树立小米的品牌，让公司能迅速在业内占得一席之地。于是，小米在相当长一段时间内非常低调，没有打出任何广告。

酒香也怕巷子深，没有广告宣传就没有知名度，这是尽人皆知的当代市场常识。小米的做法在很多人看来无疑是在玩火，但雷军有自己的考虑。他认为只有不做广告，才能真正测试出产品的口碑如何。

事实证明，小米的冒险是值得的。2010年，小米的第一个版本系统刚开始只有100个用户，第二周才200个，第三周也只有400个。但还不到一年的时间，全球的小米手机用户就增长到了30万。用户口碑的传播力度大大超出了人们的预期。

雷军在实践中总结出了一整套互联网思维的方法论，其核心内容是以下七个字——专注、极致、口碑、快！

与其他同行的商业模式不同，小米并不是靠硬件来赚钱，而是以服务

取胜。雷军为企业制定的口号是“为发烧而生”！他致力于培养手机发烧友（俗称“米粉”），并以此形成小米特有的粉丝文化。专注、极致、口碑、快，一切都围绕着发烧友“米粉”而展开。

按照传统思维，不断推出花样辈出的新产品，才能满足消费者日益挑剔的胃口。但小米却反其道而行之，不追求款式多样化，而是专注于经营少数拳头产品，集中精力把一款产品做大、做强。

专注之道，贵在追求极致。小米放弃了产品多样化，力求以精益求精的极致路线取胜，基本上一年只推出一种机型。在网购发达的今天，消费者只要挪动一下鼠标，就能选择你的竞争对手的产品。互联网经济的竞争非常残酷，赢家通吃是市场默认法则。唯有把产品做到极致，突出特色，才能赢得一线生机。而且精品路线能够让企业投入更多资源完善产品，避免摊子铺得太大，降低每种产品的品质。

传统企业常用的价格战手段，在互联网经济中往往会失灵。因为很多运营商会提供免费服务，直接剥夺价格战的根基。小米从来不打伤人伤己的价格战，产品也直接卖成本价。那种传统的价格策略早已跟不上互联网思维的要求。

要想获得好的用户口碑，就必须在一个个细节上打动消费者。如何做到这点呢？小米的做法是把用户体验完善到极致。例如在处理手机维修业务时，小米要求工作人员从用户进门开始的60分钟内摆平问题。如果做不到，每小时赔20元。通过这种苛刻的规定，小米一步一步把用户体验推向了极致，赢得了更好的口碑和信誉。

更可贵的是，小米抛弃了“闭门造车”的传统，让全球几百万用户一同参与手机的设计与改良。

例如，小米手机的操作系统MIUI每周都要进行升级。为了贯彻以用户需求为导向的企业理念，MIUI团队经常在论坛、微博上跟“米粉”们互动，根据大家的反馈意见来解决小米手机的BUG，完成升级工作。

除了从几十万粉丝中收集反馈意见外，MIUI团队还设有由120多名发烧友组成的“荣誉开发组”。MIUI团队每周六到周一收集反馈意见并修正BUG。周三把修正版本交给“荣誉开发组”，做出相应调整。周五下午5点正式向外界发布新版本。这是MIUI每周升级的基本流程，全程都有数十万用户参与其中。

广大“米粉”成为小米研发团队的重要助力。他们每天通过微博、微信、论坛等平台向小米提出大量意见和建议。小米每次升级的新功能，有三分之一来自用户的提议。

全员客服是小米的传统。泡小米论坛是雷军每日的必修课。他要求全体员工都要经常倾听“米粉”的声音。工程师按时在小米的论坛回贴也是重要的工作考核指标。据统计，小米论坛每天新增发贴量多达12万，具有实质性内容的约有8000条，平均每个工程师每天要回复150个贴子。工程师的意见会在每个贴子后面显示进展状态——已收录、正在解决、已解决、已验证。用户能清楚地知道是哪个ID的工程师在服务，何时能解决问题。这种做法贯彻了小米“为发烧而生”的理念。

更新快，反馈快，是小米成功的主要秘诀之一。互联网让人们的生活节奏越来越快，对用户服务反应不够迅速的公司，是没有发展前途的。只有足够快，才能发挥互联网经济倍数增长的特点。

用户提出的意见，只需要一个星期就能被采纳。这是小米远超传统企业的速度优势。在过去，手机系统三五年才更新一次。苹果则是每年发布一次更新，Google是每个季度更新一次。而小米实现了每周更新一次的高速度，故而能迅速在互联网界崛起。

从开发到销售，小米的商业模式始终紧紧依托互联网。小米手机是纯互联网手机品牌，不设线下销售渠道，而是通过互联网进行销售。这大大削减了中间渠道成本，降低了手机价格门槛。小米不打价格战，卖的是成本价。不少品牌手机由于中间渠道较多，成本被抬高了几百元。小米节省了这笔钱，故而能成为消费者眼中的“品牌手机中的战斗机”。

借助用户口碑扩大市场影响力的思路，让小米很快树立起了自己的品牌。鉴于这个成功经验，小米公司依然没有进行大规模投放广告等推广活动，而是继续坚持走“用户口碑”的互联网营销道路。

雷军和他的团队曾表示：比起最终的销售数字，他们更关心小米用户的满意度，更在意保持与“米粉”之间的互动和沟通。假如大多数用户对小米的体验感到不满意，就算卖出再多的手机，也无法支持小米品牌的未来发展。

保持足够多的忠实用户，根据他们的需求与喜好来改善产品及服务，这是互联网经济环境下的商业逻辑。

大家都知道只有完全符合用户需求的产品，才能卖得火爆。但过去受技术条件所限，企业无法大规模收集用户各种各样的反馈意见，所以很难确切了解用户的具体需求，产品也无法充分满足用户的需要。互联网技术打破了客观条件上的局限，让企业能通过论坛、微博、微信等网络平台，方便、快捷地收集海量数据。用户不再只是被动地接受产品，而是希望一开始就参与到产品设计的全过程中去。

很多企业思想转变不够快，还没意识到“以用户需求为导向”的重要性。而小米的互联网模式开了先河，在市场竞争中赢得了先机。

邀请“米粉”参与产品系统的升级，在各网络平台上保持与“米粉”的互动，从而设计出用户体验满意度高的产品与服务；通过改善用户体验来赢得用户口碑，再借助粉丝团的口碑传播来扩张小米品牌，让规模日益增长的“米粉”能及时抢购到新上市的小米产品。这种环环相扣、良性循环的互联网思维模式，令小米在短短数年内成为互联网经济的巨头之一，也让走传统线下营销渠道的手机品牌充满了危机感。

专注、极致、口碑、快——小米的互联网思维七字口诀，把粉丝经济与用户口碑的潜在经济价值发挥到了极致。这对任何有志在互联网经济中弄潮的企业不无启迪！

2. 史玉柱的“征途”：成功的秘诀不靠广告靠口碑

经历了巨人集团的失败与脑白金、黄金搭档的成功，大起大落的史玉柱又把目光投向了互联网产业。

2002年末，史玉柱偶然成了在线游戏《传奇》的玩家。他的游戏瘾头不小，每天要在《传奇》里泡四五个小时。在沉溺于游戏的过程中，史玉柱敏锐地察觉到了在线游戏的商机。2004年11月18日，上海征途网络科技有限公司正式成立，史玉柱带着新开发的在线游戏《征途》，开始了新的传奇历程。

此前，中国的网络游戏市场一直处于高速发展状态。2001年的市场规模为3.7亿元，2003年蹿升为25.5亿元，2004年上升为39.1亿元。网游玩家数量呈几何式增长，新生力量主要是三四线城市的乡村少年。

尽管网游产业发展迅猛，但史玉柱的再创业并不被当时的人们看好。一个做保健品的人跨入自己完全不熟悉的网游领域，怎么看都不靠谱。这会不会又是一个巨人神话破灭的前兆？不料，史玉柱这次又成功了。他的成功之道在于准确的市场定位与良好的用户体验。尽管《征途》自诞生以来遭到了社会各界的质疑，但依然在网游界有着不错的口碑。

什么人最了解网游的好坏？当然是游戏玩家。史玉柱不是专业游戏工程师，但他是个游戏玩家，很清楚消费者的心理。

史玉柱把《征途》的玩家锁定为两种人：一种是有钱的游戏迷，可以为了在虚拟江湖中出人头地花大钱买装备；另一种玩家没钱，但能花大量时间来玩游戏。《征途》的商业模式非常明确——赚有钱玩家的钱，再养100个没钱玩家陪着1个有钱玩家玩。明确的市场定位，让《征途》的设计最大限度地贴近了玩家的需求。

针对前一种用户，史玉柱的策略是推出了有史以来最烧钱的装备系统。

在网游中，获得好装备是游戏活动的关键。置办了一套好装备，意味着玩家在游戏世界中可以称王称霸，横行江湖。与老网游不同，《征途》不直接卖装备，而是卖打造装备的材料。一套完整的装备包括衣服、盾牌、头盔、护腕、鞋子、腰带、项链、戒指等。将各种原始材料合成不同等级的打造材料后，才可以完成装备打造工作。

《征途》把材料等级设为九等。材料等级越高，价格越贵。此外，装备的升级系统极其繁琐。每升一级就会多一颗星。12颗星转为1个太阳，一直升到14个太阳。每一次升级都意味着玩家要花费不少人民币。而且一旦升级失败，装备就不得不重新改造，又要花费一笔钱。换句话说，在《征途》中做完一套装备，要付出几万块钱的代价。

为什么玩家要如此疯狂地追求顶尖装备呢？因为装备的价格与杀伤力是成正比的。如果等级为100级的玩家能拿到好装备，就可以打败没有好装备的160级的玩家。在虚拟的网游世界里，一个人消灭一个国家绝非大话。游戏玩家追求的正是这种现实世界中无法拥有的快感与支配感。

为了保持游戏世界的平衡性，许多网友都会主动限制有钱人在高手中的比例。例如在《魔兽世界》中，金钱无法买到所有装备，99%的人必须通过自己练级得到装备。但《征途》为了追求游戏的终极快感，采取了金钱万能的游戏规则。有钱就有好装备，有好装备就能杀败群雄。有钱的玩家为了享受比现实中更高高在上的快感，不惜砸钱几十万。

烧钱的装备只有少数有钱人能承受得起。穷玩家因为没钱买好装备，只能处于任人宰割的地步。假如真是这样的话，《征途》对穷玩家的吸引力无疑接近于“0”。

为了吸引那些穷玩家玩《征途》，史玉柱团队首开了网游免费模式的先河。很多穷玩家一听说能免费打游戏，纷纷往《征途》里钻。《征途》还提供了智力问答、采集物品、走迷宫、组织帮会等免费的升级方式。尽管这些任务只能得到垃圾材料，但足以吸引穷玩家们通过投入更多游戏时间来缩小自己与有钱人的差距。

事实上，《征途》的穷玩家们也不是绝对不花钱。由于极难获取四等以上的好材料，不少被逼急了的穷玩家也会攒钱购买高价装备。

总之，只要有足够的技巧与打持久战的耐心，就算是穷玩家也可以在《征途》中慢慢混到高段数。为了鼓励玩家积极游戏，《征途》团队常常宣传一些“励志”的案例，例如某某玩家怎样不花分文就当上某国国王的故事。这种营销手段大大提升了《征途》的口碑，为史玉柱带来了更多的客户。

《征途》最让人大跌眼镜的举动，是给玩家“发工资”。

所谓“工资”并非人民币，而是虚拟的游戏币。不少玩家都是冲着这点来玩《征途》的。《征途》的“工资”制度规定很详细。一个账号只有在每个月达到4800点以上的荣誉值时，才可以领“工资”。而要想获得荣誉值，该账号必须带50级以下的账号。此外，账号每月在线时间少于60小时者，也拿不到“工资”。能拿到“全额工资”（价值100元）者，每月在线时间都超过了120小时。

2005年11月15日，《征途》正式开启内测。史玉柱采取了脑白金式的推广方式，推广团队多达2000人，务求将《征途》铺遍全中国1800个市、县、乡镇。在内测阶段，《征途》的同时在线人数为15万，创下了新纪录。2007年，《征途》已经壮大成为全球第三款同时在线人数超过百万的中文网络游戏，月销售收入突破1.6亿元。

这款永久免费的网络游戏，迫使部分其他网游也跟着宣布免费。网游界业绩下滑28%，业内人士纷纷对免费模式提出质疑。史玉柱却声称《征途》在内测期间已经成为免费模式盈利的第一个成功案例。

当初《征途》在公测时宣布同时在线人数突破20万，结果马上遭到了同行与媒体的质疑。于是媒体随机抽取了12个区27个国家进行现场调查，最终的结论是——史玉柱没有说谎。这次清查行动让史玉柱与《征途》获得了极佳的口碑。

对此，记者们感到非常不解，《征途》没有打广告，为什么还能吸引那么多玩家呢？史玉柱的解释是：网游与其他行业不同，增加在线人数靠的是游戏的口碑，而不是广告。

作为首款永久免费的网游，《征途》在很多方面都打破了传统。但无论怎样，良好的用户体验为《征途》的成功提供了保障。

史玉柱自己一直是《征途》的忠实玩家。他在玩游戏的过程中感觉哪里不爽，就会让研发团队做出改进。与此同时，他还时常以玩家的身份与其他游戏玩家交流经验，以了解用户对《征途》的真实看法。正因为如此，《征途》的设计才很符合玩家的习惯。任何想用的功能，都能在手边找到，而且操作简单，很容易上手。

许多互联网从业者，只是片面追求高流量与高点击率，对用户体验满意度不够关心。相比之下饱接地气的用户体验，让《征途》的玩家很难再适应其他网游的操作系统。

尽管史玉柱和《征途》在网游业界口碑很差，许多人都骂他是无良商人，但《征途》在游戏玩家中的口碑却很好。良好的用户体验带来正面的用户口碑，这就是为什么《征途》不打广告也能迅猛发展，并且领跑业内的根本原因。

Chapter 7

改变思维模式

怎样抓住人们的固定思维去赚钱

世界无时无刻不在变化。4000余年的古代社会虽然发展速度缓慢，但也经历了沧桑巨变。都说中国在秦始皇统一天下到辛亥革命废除君主世袭制这2000多年里停滞不前。这只是文明史意义上的泛泛而论。如果用商人的眼光来看，历代封建王朝的国情民生也在不断发生着变化。在汉朝能发家致富的手段，在宋朝未必能行得通；唐朝的经商秘诀，也不一定适用于清朝。

发展速度缓慢的古代社会尚且如此，何况是一日千里、瞬息万变的今天！

当代人的众多观念，一方面继承了古老的农业社会意识，另一方面来自工业社会的实践。特别是后者对现代企业经营的影响深入骨髓。随着第三次科技革命的到来，以互联网为代表的高新科技彻底改变了人们的生活。人类每一次思想大变革，都是从社会经济变革开始的。而社会经济变革的起点是人们生活习惯的变化。小农生活催生小农意识；社会化大生产催生工业社会的协作意识；互联网改变了人们在工业社会中的生活习惯，也正在不断地催生新思维。

改变工业社会的固有思维习惯，是适应互联网经济环境的必然之路。今天的世界正处于后工业社会向前信息社会演化的过渡阶段。新旧交替，大浪淘沙。能率先意识到季节变化而树立新思维模式的人，将得到互联网经济“赢者通吃”法则的嘉奖。

创新不是凭空产生的。所有的新思维都是在反思固有思维模式的过程中诞生的。找出固有思维在哪些方面不能符合新环境，然后提炼出新的应变办法——新思维模式就是这样诞生的。

1. 便捷是价值——让客户在最便捷的渠道获得你的产品

互联网刚诞生的时候，没人知道网络游戏、动漫、电子竞技等产业会出现，更没人预见到电子商务对各种传统行业的巨大冲击。关于“渠道为王”还是“产品为王”的讨论再度引爆。依照互联网思维来看，能把产品做到极致才能获得成功，但这并不意味着渠道的重要性降低了。电子商务改变了人们的生活、工作方式，让产品实现了从工厂直接到消费者手上的无缝链接。也就是说，互联网技术大大扩宽了产品的营销渠道。而企业要做的，就是让客户从最便捷的渠道获得你的产品（或服务）。

在高速发展的互联网经济时代，只有便捷才能跟上节奏越来越快的市场变化。毫不夸张地说，便捷就是效益，便捷就是价值，便捷就是胜利。

对于消费者来说，复杂的业务不容易理解，繁琐的操作流程让人生厌，所以获得产品的过程越便捷越好。如果一不省力二不省心，消费者的购买欲望就会直线下滑。只有便捷的供应渠道才能让消费者高抬贵手，不把鼠标挪向其他竞争对手的网购页面。如果企业能让消费者以最便捷的方式接收产品或服务，就能很快开拓一批相对稳定的客户群。

你每天在路上看到人山人海，既有四处奔波的商务人员，也有游山玩水的游客。如今的交通日益发达，人们往往会采用不同的交通工具组合来完成旅途。在庞大的市场需求刺激下，“一嗨租车”于2006年1月在上海成立。“一嗨租车”不是中国第一家汽车租赁企业，但它是全程电子商务化管理的先行者。公司的汽车数量上万，车型重量过百。公司的总部设在上海，下设500多个服务网点，遍布全国80多个城市。

外出租车曾经是件很麻烦的事——人工预约、下单、电话确认信息、人工调度车辆、商量用车细节，整个过程加上繁琐的个人信息认证，让消费者感到很不方便。

在互联网经济时代，不便捷几乎就是“落后”的代名词。“一嗨租车”正是针对这个情况，绞尽脑汁为消费者提供了最便捷的服务渠道。

例如，某位乘坐飞机出行的消费者，可以通过“一嗨租车”预订好车辆。只要一下飞机就能马上拿到租车自驾。这种“公共交通+租车”的出行组合方式，非常适合赶时间的商务人员。这就是互联网经济时代带给消费者的便利。

汽车租赁行业虽然是传统行业，但电子商务的发展为租车企业带来了新的发展机遇。有人把传统经济称为“水泥”，把互联网经济称为“鼠标”。“一嗨租车”的运作模式，就是所谓的“水泥+鼠标”模式。

“一嗨租车”面对互联网经济的冲击，选择了积极适应的方针。传统汽车租赁主要靠电话预约，人工操作环节多，协调能力弱，信息反馈也慢。而率先采取全程电子商务化管理的“一嗨租车”大不相同。消费者租车的过程跟在当当、淘宝购物一样便捷。只需通过下载手机客户端或登录手机触屏版，选择租车开始的时间、车型、还车时间，然后轻轻点击确定，就能预订到全国任何一家“一嗨”门店的车辆。

电子商务化订购不仅快捷，而且有更高的信用度。“一嗨租车”在官方网站上对各类租车业务进行明码标价，并实时更新价格与剩余车型的数据。这不仅让消费者能够一目了然地选择符合自身需要的服务，也避免了租车公司漫天要价的弊端（这在过去的微小租车企业中比较普遍）。此外，消费者在预订用车时，还可以选择送车上门、异地还车、预购油九折等服务。

总之，“一嗨租车”让广大消费者能够全程无忧租车，便捷服务就是它的营销王牌。自从成立以来，“一嗨租车”的各种重要指标均处于业内领先水平。这种崭新的出行方式，受到了越来越多消费者的欢迎。

“一嗨租车”的成功之处在于能够让客户从最便捷的渠道获得产品及服务。支撑其“勇于创新、用心服务”理念的，正是先进的互联网技术。

保持合理、迅速的汽车调度，一直是汽车租赁业的难点。“一嗨租车”有一个强大的中央数据服务中心。其中包含了多套汽车调度管理系统，运用了GPS全球定位及智能数据分析处理等高新技术。正是这些雄厚的技术保障，才让“一嗨租车”实现了全程电子商务化，把汽车调度配置工作做到了最好。此外，“一嗨租车”还专门为用户设计了自己的智能手机客户端。只要用户下载安装了客户端，就能随时随地用手机享受“一嗨”的服务。

目前，“一嗨租车”不仅牢牢占据着中国汽车租赁行业的领军地位，还成为很多世界500强企业指定的在华商务用车服务公司。

随着业务的拓展，“一嗨租车”与各大旅游网站结成战略合作伙伴关系。同程网等旅游网站专门设有“一嗨”的“租车频道”。消费者可以选择北京、上海、广州、南京、武汉、杭州、成都等城市的租车预订业务，可供选择的租车车型有20多种。为了节省消费者的时间，“一嗨”的租车是与景点门票及酒店门票组合打包的。这种一条龙服务，有效避免了消费者在各网页来回切换选择。

在“租车频道”预订租车非常便捷。消费者无需排队，也不用电话确认，直接查看网页显示的车辆库存数量即可。预订完成后，消费者会立刻接到短信提醒，短信包含了门店等相关信息。此外，“一嗨”的租车预订最短只需要提前2个小时，其竞争对手则需要6个小时。该选择谁，答案不言自明。

光是做好线上营销还不够，假如线下服务跟不上的话，企业的信誉和人气也会迅速流失。“一嗨租车”的便捷不仅体现在电子商务上，实体租车门店也同样以“便捷服务”为经营宗旨。

“一嗨租车”门店的客服标准是，让消费者体验到VIP一般的“便捷服务”，并且争取把他们拉入“一嗨租车”的粉丝团。

“一嗨租车”的提车手续非常简单，只需向“一嗨”的工作人员出示身份证、驾照、信用卡，就一切OK了。跟超市购物结账一样方便，而且用不着排队等候。除了信用卡，“一嗨”还开通了银联、现金、支付宝等其他支付方式，以满足不同用户的需求。

为了方便客户租车，“一嗨租车”还推出了异地预订业务，租车不限地域。假如用车地点在北京，消费者也可以在上海订车，到北京后再提车即可。这种做法让客户无须跑到用车地点再预订，省下了许多时间和精力。

除了订车便捷与提车便捷，“一嗨租车”的便捷服务还包括用车便捷。有客户反映称：“一嗨”每次提供的租车都很新，油箱总是满的。这是因为公司有严格的相关规定，以免去用户在紧急情况下寻找加油站的麻烦。“一嗨租车”还提供送车上门服务，把租车快递到消费者的家门口。最可贵的是，“一嗨租车”提供24小时紧急救援服务，遇到麻烦的租车用户随时可以呼叫求援。

无论线上还是线下都贯彻“便捷服务”的宗旨，可以说，这样的企业想不受消费者欢迎都难。

“以用户为中心”是互联网思维的一个重要内容。要做到这一点，就必须改善用户体验。特别是提供周到、贴心的服务，让用户在交易的每一个环节都能感受到便捷性。“一嗨租车”始终坚持“以服务品质为先，以消费者体验为本，以口碑为胜”的理念。事实上，它不只是把用户当成用户，更是将其当成自己的“粉丝”。这又体现了互联网思维中粉丝营销的理念。

便捷服务改善了用户体验，优越的用户体验赢得了粉丝，粉丝树立了品牌的口碑，品牌的口碑为“一嗨租车”带来了巨大的效益。2012年3月，世界上最大的租车集团企业号控股集团向“一嗨租车”注资。2013年12月，中国最大的在线旅游服务公司携程成为“一嗨租车”的第二大战略合作伙伴。这家全程电子商务化的企业，将继续领跑中国的汽车租赁行业。

互联网之所以能对传统行业产生如此大的冲击，是因为其便捷性空前的强大。而传统行业要想在新的市场环境中生存发展，也必须借助电子商务的便捷性——便捷就是价值。只要能让用户在最便捷的渠道获得产品和服务，老树也可以开新花，传统行业也能迎来第二个春天。

2. 用户产生内容，用户产生价值

百度百科、维基百科、知乎、果壳网等知识传播平台，是广大网民查阅资料、解答疑惑的常用网站。这些网络平台的最大特点是由用户来产生网站的内容。注册用户可以根据自己的学识来编辑资料或者解答他人的疑问。如果出现不同观点，反对者也可以自己编辑文章以正视听。学院派垄断学术知识的格局遭到了互联网的挑战。“用户产生内容”的模式也改变了人们的传统观念。过去是企业来产生内容，用户只能接受内容。而如今是让用户来产生内容，企业只是进行整理分类。在无形中，生产者与消费者的界限越来越模糊了，用户产生的价值越来越突出了。

互联网经济让用户的力量空前强大，更注重用户互动作用的Web2.0时代已经到来。在这个时代里，用户既是网站内容的浏览者，也是网站内容的创造者。美国作家詹姆士·索罗维基把Web2.0的精髓解读为“利用网络来发掘大众智慧”！然而，大多数互联网平台依然在采取“建立品牌——扩展规模——吸引广告”的运作模式，没有充分开发用户带来的价值。

知识的普及让用户能通过各种途径创造出有价值的产品，譬如小说、画册、动漫、视频、微电影等。时至今日，互联网经济不能只满足于用户参与，而应该和他们共同创造新内容，产生新价值，甚至开创新时代的合作共赢模式。

前面说过，互联网经济注重用户的参与感和体验感。但单纯让用户参与和体验，并不能挖掘他们身上蕴藏的潜在创造力。只有让用户来创造内容，才能让他们获得更高的参与感和体验感，并为企业创造更多的价值。时下有不少新兴的网络平台，就是靠用户创造内容建设而成的。平台创建者只是为广大用户提供一个参与创造的规则与流程。

2013年4月23日公测上线的简书，就是一个典型的“用户产生内容，用户产生价值”的互联网平台。

简书分为简书笔记和简书社两个组成部分。简书笔记的功能类似于博客，专供用户进行写作。简书社是一个采用笔记本架构和多文集管理的中文阅读社区，其首页有管理员推荐的文章、文集以及作者。简书社的所有内容，几乎都来自简书的用户。为写作者打造最好的写作软件，把他们创造的文章（产品）提供给阅读者，将写作与阅读整合在一起，是简书的运作模式。

自从博客、维客、播客等互联网平台出现后，让用户创造内容就成了不少新兴网站的运营机制。通过让用户创造并共享内容，这些新兴企业很快在市场中形成了自己的品牌。相比那些只让用户参与体验的传统网络平台，这种颇具Web2.0特色的网站更容易借助互动在短时间内积累巨大的人气。比起方兴未艾的简书，著名原创社区豆瓣网是更典型的案例。

在豆瓣网上，用户能自由发表关于图书、电影、音乐的评论文章。此外，用户还能搜索别人的推荐。豆瓣网的一切内容、分类、筛选、排序，都是用户创造的。什么内容出现在豆瓣主页，在相当程度上取决于你的选择。

通常让用户参与检测的网站，都有后台内容编辑坐镇管理。豆瓣网却把内容的审查权也交给了用户，由普通会员决定产生哪些内容并进行分类、筛选、排序。例如，给评论一个“有用”，该内容的网站排位就会自动上升；给某部作品贴一个标签，它就会在整个网站的标签分类中出现。

豆瓣创始人杨勃曾经声称：“豆瓣网没有一个编辑”，这并非夸大其词。高度的自主性，让注册用户积极参与生产内容，以满足更多非注册用户的个性化阅读。而非注册用户通过点击“推荐”等快捷方式，来改变排行榜的信息。豆瓣网没有编辑，但每一个豆瓣注册用户都有编辑权。不计其数的热心用户代替了编辑职能，而其他用户通过“推荐”权对这些“义务编辑”优胜劣汰。用户产生内容，创造价值，最终又享受服务。豆瓣网的机制最大限度地发挥了用户们潜在的创造力。其成功也在情理之中。

成立于2007年4月的译言网，也是一个典型的Web2.0网站。译言网的口号是“发现，翻译，阅读中文之外的互联网精华”。这个社区型翻译平台的用户大多是义务参与者。他们把外国媒体的精华文章翻译出来，推荐给中国读者浏览。译言网完全依靠用户的创造兴趣和翻译能力来维持。由于能激发用户的创造热情，译言网发展成为了“中文互联网上日更新量最大”的翻译网站。

尽管运转良好，但完全依靠用户创建免费内容的网站，终究要面临转型问题。随着用户数量的增加，免费模式让网站的维护成本越来越高。最大的问题就是，如何让广大义务翻译者继续保持对内容创造的参与积极性。

尽管用户不一定是靠为网站创造有价值的内容来生存，但在生活的压力下，很少有人能长期免费提供服务。换言之，让用户长期免费产生内容，并不能补充他们付出的心血和汗水。不能实现双赢的运作模式，通常都不能形成良性循环。而不能形成良性循环的企业，注定无法实现可持续发展。

内容不等于价值。用户生产的内容，不一定能转换为价值。所谓“用户创造价值”理论，既包含了用户“为网站创造价值”，也包含了用户“为自己创造价值”。假如用户创造的内容无法得到足够的回报，不但会挫伤他们参与创造的积极性，还会使网站的人气与口碑大大下降。

保持用户积极性的最有效办法，就是让网站提供用户价值转化服务，让用户在为网站创造价值的同时，也收获相应的回报。例如腾讯动漫网的月票制度，让注册用户读者对所有的漫画创作者进行自主投票。月票按照一定的标准折算为奖金，得月票越多，创作者的收入也越多。这种机制保护了用户参与创作的积极性，让“用户产生内容，用户产生价值”的模式形成了一个良性循环。

为了提高效率、节约成本，工业社会采用了流水生产线的模式，产品具有高度的趋同性，难以满足消费者多样性的需求。而互联网经济时代，量身定做的个性化订制模式大行其道。“用户产生内容，用户产生价值”的理念，也是这股发展潮流的产物。例如，消费者可以在淘宝网上与商家谈好具体要求，以获得个性化订制产品。美国有一家网络平台把这种模式发挥到了极致。

2000年，美国人杰克·尼克尔和雅克·布德哈特创立了Threadless.com（“无线”）网站。这家网站没有专业设计师，没有工厂，没有销售队伍，没有做广告，却能在每个月推出十几种新款T恤，年销售额高达3000万美元。

“无线”的早期运营方式颇有创意：让用户给网站发T恤设计稿，然后再由广大用户评选出最好的方案。获胜者的奖品是免费得到自己设计的T恤。其他用户也能在“无线”购买这款T恤。结果没多久，“无线”的获胜设计稿就出现在了美国的热门电视节目中，而且连影视明星也穿“无线”的T恤。这使得“无线”的营业额几乎每年都翻一番。

如今，“无线”每周都在网上举办设计大赛。会员上传自己设计的T恤图案，并让网友按5分制打分。每件作品下方都设有订购按钮，T恤单价至少15美元（包括各种尺寸）。打分评选结束后，“无线”会挑选出总分最高的6件作品，作为本周公司外包生产T恤的图案，并按照用户下单数量进行生产。

优胜作品的设计师每人能得到2500美元奖金及其他奖品，设计师的名字将出现在T恤的标签上。公司最费力的工作，就是根据顾客填写的地址发货。

“无线”通过每周的设计大赛，形成了一个会员众多的社交中心。会员们既是产品设计者，也是产品消费者。“无线”的辉煌由此而来。

在互联网经济时代，消费者的力量越来越大。无论采取什么运作模式，只有让企业与用户共赢，才是长久之计。让用户来产生内容与价值，是一个大胆的尝试。今后的发展前景会怎样，我们拭目以待。

3. 互联网思维下的产品自带了媒体属性

商界有句谚语：“得渠道者得天下。”过去中国的流通体系还不够发达，而且终端成本昂贵，这让生产商很难直接与消费者进行沟通互动。他们必须借助销售渠道的力量来完成销售。而消费者也因为信息不对称的原因，必须通过某种销售渠道来选择商品。这就使得人们把目光都集中在了争夺渠道资源上。

互联网把偌大的地球变成了“村”。五大洲的用户可以借由网络即时交流、沟通，甚至以最快的速度完成集结活动。通讯方式的便捷性逐渐改变了信息不对称的局面。生产商也可以通过日益发达的电子商务，直接与最终消费者搭上线。这不仅意味着用户需求能得到更充分的满足，也标志着“渠道为王”的运营理念将转变为“产品为王”。

事实上，“产品为王”并不是个新鲜内容。古人说：“酒香不怕巷子深。”意思就是产品的质量和口碑足以克服店面位置不佳的劣势。这就是“产品为王”理念的体现。

然而随着广告媒体的发展，人们对产品的认识在很大程度上依赖于广告宣传，控制了广告就能控制营销渠道。如果广告宣传做不好，产品质量再好、价格再低廉，也会被竞争对手比下去。

互联网平台的发展扭转了这个局面。生产商可以通过论坛、微博、微信等网络平台与广大用户建立直接联系，并且保持长期而密切的互动关系。这等于是越过了传统广告媒体的环节，与消费者一对一地交换信息。

当宣传不再受制于广告媒体后，“产品为王”的理念破除了最大障碍，重新焕发出了活力。从某种意义上讲，互联网思维下的产品，本身就具有媒体属性。“罗辑思维”创始人罗振宇指出：“一切产业皆媒体产业！”这句话虽然有些绝对，但并非毫无道理。

爱图购是目前国内最大的女性中高端品牌推荐网站。自从2012年7月上线至今，爱图购的注册用户已经高达1180万。新浪微博、微信、QQ空间等SNS渠道的粉丝数也突破了473万。爱图购的单日曝光量已经上亿。以上数字每天都在增加。爱图购仅仅两年时间就成为业内翘楚，这个奇迹是怎样实现的呢?

爱图购一开始就着眼于打造“全媒体，全渠道”，让产品立体化。其主要业务是向女性消费者推荐服饰、鞋类、箱包等时尚用品，还掌握了

APP、网站、社交渠道产品和外部合作渠道产品。可以说，互联网思维下的产品都附带了媒体属性，而产品本身也具有媒体传播的功能。因为互联网思维下的产品包含了极致化的功能与强烈的情感诉求。而这两项内容是媒体传播的核心。

爱图购以为女性用户的“兴趣”服务为宗旨，注意发掘产品的三个属性。

一是“媒体属性”，爱图购向广大用户提供各类时尚、品牌产品信息，以求引起消费者的购物兴趣。二是“通道属性”，爱图购打通了用户兴趣与购买平台之间的联系，以最便捷的方式帮助消费者实现“兴趣”。三是“社交属性”，爱图购将用户转化为粉丝，通过网络平台的互动分享，为更多潜在客户传播“兴趣”。

很多导购类网站都是用图片和视频来推荐产品。在制作图片和视频时，结合女性消费者的生活场景，并时刻出现在其浏览信息中。如此一来，每种产品的图片与视频介绍，就相当于一个小小的媒体专栏。

产品的口碑传播，本质上就是产品或服务中的媒体属性在生效。想要发挥产品本身隐藏的媒体属性，就必须从极致产品与情感体验两方面入手。

前面说过，只有做到极致的产品，才能在互联网经济时代受到欢迎。极致产品有很强的品牌效益，就算不花钱打广告，只要产品一经推出，就会吸引无数消费者的眼球。

那些没有做到极致的产品，通常会广发广告，四处宣传，直到有消费者恰好需要，才会进行消费。而做到极致的产品，好比是“皇帝的女儿不愁嫁”，有着极致的口碑，用户们会奔走相告并主动上门订购。这就是极致产品自带媒体属性的表现。

企业想做到极致产品，不一定非要掌握最先进的科技。革命性的产品永远只是少数。追求极致不等于推倒重来。与其片面追求更高、更快、更强、更新，不如从改善用户使用体验着手。

现在的生活物品异常丰富，商品种类繁多，功能各异，让广大消费者应接不暇。但商品功能越多，越会导致操作复杂化，这对不少用户来说，反而是一种负担。

例如传统路由器的设置要输入一个固定的IP地址，进入配置界面来设置。很多非计算机专业的消费者，根本就看不懂五花八门的专业术语。由此可见，传统路由器的设计给用户的使用体验不佳。极路由就是以此为突破口打开了销路。

极路由改变了配置界面的设置，用图形界面简化了操作，并通过气泡提示、拓扑图等方式让用户的操作更便捷。

极路由引入了APP的概念，以插件来取代用户手动配置。用户可以加载各种APP，如广告加速APP可以加快视频网站广告的播放速度。APP让极路由把复杂的功能变成简便的按需下载的模块，大大改善了用户的使用体验。极路由自上市以来就备受瞩目，曾出现过5天内订购30多万台的销售记录。

由这个案例可知，给予用户极致体验的极致产品，具有极强的媒体属性。产品不仅是一个功能载体，更是一个具有较高传播价值的天然媒体。

产品的媒体属性还反映在给用户的情感体验上。当赢得消费者在情感上的认可时，产品就产生了自传播的可能性。如果说功能决定了产品的实用价值，那么情感体验就决定了产品的人文内涵。让产品引起用户情感上的共鸣，是发挥产品媒体属性的另一法门。

大家应该还记得，南方牌黑芝麻糊在20世纪90年代的广告词——“一缕浓香，一缕温暖”。这一充满家庭温馨与童真回忆的广告，成为80后消费者共同的回忆。这就是强化产品情感体验的例子。

在互联网经济时代，网上服务项目越来越多。支付宝账单的设计就非常注重强化用户体验的满意度，引起了不少用户的共鸣。

支付宝账单不同于简单呆板的流水账式的传统银行账单。它的界面设计生动有趣，标题也很亲民（如“2013年我的支付宝生活”“我的网络生活”）。在账单栏目中，支付宝还借助强大的数据统计功能，制作出用户在该地区消费群体中的排名状况。其表述方式为：“我的年支出在某某市排名超过了x%的人”。这种做法让支付宝用户们经常以晒账单为乐趣。

企业通过全民对账单，可以了解到不少细节信息。例如新疆图木舒克市的男性消费者为女性购买商品最多，支付宝就在全民对账单中宣称该市的男人“最疼女人”。显示各种有趣的消费细节，改变了传统账单给人的干巴巴的印象。这种创意有赖于强大的数据统计分类整理功能，在没有计算机与互联网的年代，根本无法实现。

其实银行对用户消费数据的了解并不比支付宝少。但由于职能因素，银行不会像支付宝这样用最亲民的互联网思维习惯来设计产品与服务。

在这个网络越来越发达、消费者越来越“宅”的年代，只有轻松、便捷、简单、有趣的包装形式，才能引起广大用户的情感共鸣。假如不能做到这点，就无法吸引用户，更谈不上利用用户的力量进行产品的口碑传播了。

总之，企业应当具备互联网思维，深入挖掘产品的媒体属性。这样才能降低宣传成本，提高推广效率，让产品品牌获得更好的知名度与美誉度。所谓的“好产品自己会说话”，就是这个意思。

4. 把你的产品IT化，把你的渠道数字化

互联网时代改变了大企业对市场的绝对统治地位，让许多中小企业有了以小博大的机会。首先，互联网平台改变了信息不对称的局面，让处于劣势的中小企业有条件获得同样多的市场情报。其次，技术升级速度加快，让大企业的规模经济优势遭到削弱。再次，面对个性潮流多变的市场，中小企业调头转型比大企业更灵活。最后，电子商务的发展能让中小企业把更多业务外包，借助虚拟经济联合体抗衡拥有众多实体工厂的大企业。

美国老牌牛仔服生产商李维·斯特劳斯曾因为订单大量流失而裁员。其订单流失方向主要是中小企业。竞争力不足的原因是李维·斯特劳斯的

牛仔服品种只有竞争对手的1/3，款式也不新潮。这是大企业败给中小企业的案例。

美国“定做鞋业公司”规模不大，仅有100多名员工。但公司配备了先进的光电子测量系统，只需几分钟就能帮用户测定出合脚的鞋样。有技术做保障，公司可以最大限度地发挥个性化订制模式的优势，设计出数万种款式的鞋子以供消费者选择。该公司平均每月营业额为1200万美元，让不少大公司都眼馋。

尽管大环境提供了不少有利条件，但想要成功以小博大并不容易。最重要的是推陈出新，树立互联网思维，把产品IT化，把渠道数字化。否则很难适应新经济环境的变化。

中小企业受制于资金短板，往往不愿在IT技术研发上投入太多人力和财力。它们通常把这些业务外包给服务商，自己则集中精力搞主营业务。尽管如此，越来越多的企业已经意识到，用IT手段提高产品竞争力才是未来的出路。

IT和互联网技术正在全面渗透传统产业。从产品设计到营销服务，互联网思维的影响无处不在。例如彩电、汽车、电表之类的传统工业产品，从产品升级到运营方式都开始向产业IT化转型。通过互联网技术的强大功能收集整理大数据，然后根据大数据设计出符合用户需求的产品与服务，再借助互联网平台完成营销。

著名手机生产商诺基亚已经宣布和汽车商梅赛德斯·奔驰基，达成关于共同开发自动驾驶汽车的合作协议。同时，诺基亚旗下HERE地图部门，准备和奔驰为联网汽车开发智能地图。被互联网技术改造的不光是汽车，有一种智能水表叫Driblet，它通过WiFi与外围设备联网，这样用户就能通过手机或Web客户端来查阅智能水表里的数据。著名体育品牌耐克原本是用跑步计量设备来收集数据的。现在耐克在运动鞋里植入了智能芯片。智能芯片会自动收集你的跑步数据，并上传到云端，为运动数据分析软件提供参考数值数据。

以上只是产品IT化的冰山一角。谁如果错过了用新技术改造产品甚至产业的机会，谁就必然会遭到市场的无情淘汰。

随着80后、90后等年轻消费群体的崛起，个性化增值服务成为企业发展的新方向。苹果、谷歌等IT企业纷纷进入彩电、手机等领域，对传统生产商带来极大的冲击。针对形势变化，TCL启动了“全云战略”，以求在新时代中迅速占领先机。TCL与腾讯联合推出的冰激凌智屏，填补了智能云终端产品市场的空白。

渠道数字化的重要性，丝毫不亚于产品IT化。渠道管理历来是企业经营的重要课题。企业只要控制了渠道，就能把更多的主导权抓在手中，比如定价权。假如渠道扩展不顺，企业的前途就令人堪忧。互联网时代的渠道管理变得更加纷繁复杂。因此，数字化渠道管理是企业升级的必由之路。

数字化渠道管理有以下几个特点：

其一，能拉近与用户的距离，倾听用户的反馈意见。

互联网消除了企业与消费者之间的信息不对称。消费者的主权意识开始增强，不再满足于被动接受企业提供的产品和服务，而是希望能平等对话并提高参与程度。品牌不再由企业单独创造，而是由用户赋予的。因为这是一个没有粉丝就没有品牌的年代。只有经过粉丝口碑认可的品牌，才能成为受消费者欢迎的品牌。

通过数字化渠道，企业可以搜集到规模与精准度空前的商业情报。消费者对产品的关注度如何？哪些因素会改变他们的决定？消费者在什么情况下才会把产品推荐给自己的社交圈子？在通信手段落后单一的过去，企业很难完成这些细致繁琐的市场调查。但在互联网时代，企业可以通过各种网络平台直接与消费者对话，挖掘出有用的信息。

其二，能便捷地测试用户对产品与服务的感知。

企业通过在数字化渠道小范围地投放产品，可以持续了解各种类型用户的反馈意见。在这个不断测试的过程中，设计师与服务人员能够收集到宝贵的修改意见。经过双方的不断磨合，最终打造出极致产品与极致服务。这样一来，企业对品牌的自我预期将最大限度地与用户的实际体验感受接轨，避免生产营销的盲目性。

其三，能增加企业与用户之间的互动，并培养出品牌的粉丝团。

在消费者追求体验感与参与感的今天，不懂得打开门户、放低姿态的企业，将失去消费者的支持。就算你在传统渠道中成绩斐然，也难以在互联网时代立足。聪明的企业会在社交网络平台中以开放、友好的态度，与广大消费者保持长久的互动交流。需要注意的是，在数字化渠道中，企业不应只把用户当成买家，而应当将其视为长期的朋友对待。要想赢得用户的心，培养起自己的忠实粉丝团，企业客服必须学会“说人话”。

所谓“说人话”，是指用“接地气”的语言跟用户（粉丝）们打成一片。客服工作人员切忌打官腔，而要积极学习粉丝们的调侃与吐槽，用讲笑话的方式宣传新产品，用吐槽体来做危机公关，像亲朋好友一样零距离对话，这样才能拆掉企业与粉丝之间的内心隔膜，让粉丝把企业当成自己人。

其四，数字化渠道有利于提高企业的创新能力，并吸引更多的潜在用户。

企业在与粉丝互动的过程中，能了解到他们关注的焦点，以及更多新的需求。小米公司就是在与粉丝团的互动中吸取创意，实现了每周更新版本的运作速度。粉丝参与度的提高，不仅能为企业带来许多意想不到的新点子，还能大大提高他们对企业的满意度与归属感。久而久之，粉丝团与企业就变成了利益共同体。当企业出现危机时，粉丝团会第一时间站出来打抱不平。而在平时，粉丝们又会向自己的社交生活圈推广企业品牌，进一步扩大品牌的知名度。

数字化渠道管理，让企业很难把线上和线下的营销活动区分开来。但某些观念滞后的企业只是把数字化渠道当成传声筒，不注重与用户的互动。忽略用户在线上反馈意见的做法，最终会让线下营销也跟着受影响。

因为互联网思维的核心是“口碑”。口碑源于粉丝的评价，而粉丝的评价如何取决于企业是否能满足他们的预期。如果超出预期，将赢得粉丝团的鼎力支持。反之，则会把粉丝团逼成自己最大的反对派。口碑不佳，得不到粉丝拥护，企业品牌的支持率与销售业绩必然下滑，最终会在残酷的市场竞争中落败，特别是在以“赢家通吃”为法则的互联网经济背景下。

因此，企业要充分利用好数字化渠道，让用户在线上和线下都能得到超出预期的厚遇。唯有这样，企业才能与消费者产生共鸣，共同维护品牌的口碑。

互联网的发展给传统企业带来了巨大的冲击。这里面既有机遇，也有挑战。如果能顺利完成产品IT化和渠道数字化的升级，无论是大企业还是中小企业，都将获得更多的发展空间。

创富案例

1. 三只松鼠，如何在“双十一”日销3562万元

卖一年坚果最多能赚多少钱？三只松鼠电子商务有限公司给出的答案是超过3个亿。这只是2013年12月27日的数据，而三只松鼠公司当时成立还不足两年。卖一天坚果最多能赚多少钱？2013年的“双十一”抢购日，三只松鼠仅仅一天就销售了3562万（2012年的数额仅为766万），名列天猫网坚果销售榜第一位。这也刷新了中国电子商务食品销售的历史纪录。普通的坚果零售店大概一年都很难得到这个成绩。

正是这般出色的成绩，让三只松鼠跻身“全国坚果炒货营销10强企业”的行列，并获得了“2013中国（服务类）创新产品10强”的殊荣。一个创业企业能在短短时间内实现沧桑巨变，互联网思维功不可没。

三只松鼠的创始人兼总裁章燎原，有个外号叫“松鼠老爹章三疯”。他在2012年6月19日创立了“三只松鼠”这个品牌。如今，三只松鼠已经从5人创业团队发展为600余人。三只松鼠公司主要售卖坚果、干果、茶叶等食品。与普通零食店不同的是，三只松鼠主要依托互联网为销售平台。松鼠老爹开创了利用网络线上销售中国食品的先例。这种运营模式流通速度快，不仅利于保持食品的新鲜度，而且拉近了企业与消费者之间的距离。

打造网络时代的生态农业产业链——这是三只松鼠的企业使命。

三只松鼠根据消费者在网上下的订单，委托全国近50个供应商加工产品。具体加工质量标准都由三只松鼠公司决定。经由供应商加工的产品，会被送到三只松鼠的分装工厂进行检验与分装。公司将根据客户订单来委托快递公司送货上门。这种模式既保证了产品质量，又提高了供应链的效率。

与传统食品行业相比，三只松鼠的产品味道最新鲜、送货速度最快。

在过去，坚果要送到消费者手中，大约要花费2～4个月的时间。由于电子商务的便捷性，三只松鼠只用短短15天就可以完成整个流程。这不仅能让消费者得到更新鲜的坚果，也能让供应商的资金周转更快捷。

互联网销售没有中间商、代理商等环节，让企业与消费者形成了直接联系。企业能从仓库直接发货给消费者。这样一来，不仅加快了货物周转速度，也为企业节约了仓储成本。

由于电子商务减少了食品产业链的过渡环节，宣传力度与销售量远超传统的坚果零食店，所以三只松鼠选择了纯电子商务的运营模式，摆脱了超市进场费与店铺租金不断上涨的困扰。成本的削减，让三只松鼠的食品获得了更多的让利空间。据其总裁章燎原称：三只松鼠的产品比传统企业的至少便宜20%。

确保产品的新鲜度，只是互联网带给三只松鼠的好处之一。在做客服的过程中，章燎原发现超预期的服务比产品质量更能打动消费者。因此，三只松鼠又本着“以用户为中心”的精神，提供了一系列颇具特色的服务。

选择松鼠作为企业品牌名称，真是用心良苦——松鼠最爱吃坚果，所以消费者一听到“三只松鼠”，马上就能联系到美味的坚果。松鼠的另一特点是可爱，用今天的网络用语来说就是所谓的“萌”。

萌文化也是网络文化的重要内容之一。这年头，不会卖萌的营销账号就不会涨粉丝。所以，三只松鼠的企业文化以卖萌为指导思想。

在企业与消费者的长期微博互动中，三只松鼠的企业文化符号被解读为“萌货、无节操、求包养”。三只松鼠的团队平均年龄为23.5岁，其中负责电子商务运营的有200多人。他们中大多数是个性鲜明、善于接受新事物的80后和90后，他们和大多数网民一样喜欢可爱有趣的“萌物”。因此，三只松鼠从建立之初就坚持卖萌路线不动摇。这种个性化的品牌定位，让公司在创业的第65天，就跃升为天猫坚果单品冠军。

淘宝开启了著名的“亲文化”，淘宝客服逢人便叫“亲”，靠卖萌拉近距离。三只松鼠的客服则逢人便叫“主人”，同样是以卖萌行走江湖。

不只是对客户的称呼，三只松鼠的每一处细节都体现了浓厚的萌属性。

普通公司叫客服部，三只松鼠则称“全球主人满意中心”（正式名称是客户满意部）。三只松鼠客服的统一代号是“松鼠星人”，给“主人”传送的包裹叫“鼠小箱”，果壳袋称为“鼠小袋”。如果有人说“领养一只鼠小箱”，那是指拍下产品。擦手湿巾叫“鼠小巾”，开箱器叫“鼠小器”，保鲜夹叫“鼠小夹”。总之，处处流露着松鼠的趣味。

客服“松鼠星人”与“主人”（客户）聊得越久越好，最好能在交易关系之外建立更为亲密的联系。三只松鼠考核客服人员的侧重点不是产品销售额，而是跟客户“交朋友”的情况。“松鼠星人”跟“主人”聊天聊得越是投机，就越符合三只松鼠的考核标准。之所以这样做，是因为章燎原相信情感营销的威力。

事实上，三只松鼠坚果的价格在同类电商中并不是最低的。例如，在坚果类食品销售网新农哥上，1斤夏威夷果仁的售价为104.5元，三只松鼠的售价为98.8元，而百草味的售价为94.6元。由此可见，三只松鼠的价格并不是最低廉的，但卖萌无下限的“松鼠星人”客服让三只松鼠获得了极佳的品牌口碑，故而其受欢迎度处于领先地位。

三只松鼠的卖萌情感营销实际上也是一种粉丝营销手段。2013年，三只松鼠已在天猫、淘宝、京东、1号店等各类电商平台开展业务。其中，天猫的销售额占了总数的87%，是三只松鼠当之无愧的“主战场”。三只松鼠在天猫上的粉丝数（收藏店铺的人数）将近48万。而新农哥的粉丝还不到8万，百草味仅为19万左右。在粉丝量决定品牌价值的互联网经济背景下，三只松鼠无疑是坚果食品业的领跑者。

能在创业不足两年时就做到如此成绩，三只松鼠“用生命来卖萌”的客户满意部可谓劳苦功高。

这年头，谁都知道客服的重要性。特别是在互联网经济时代，想要打好粉丝营销这张王牌，少不了高水平且个性鲜明的客服。三只松鼠公司团队深谙客服之道。为了提高卖萌功夫的段位，以适应不同类型的“主人”，客户满意部把“松鼠星人”分为几个语风不同的小组。接待“主人”时，根据对方的性格与偏好来选择相应的小组来服务。

例如，“主人”学识渊博，热衷于高端大气上档次有内涵的话题时，负责接待的将是“小清新文艺组”的“松鼠星人”；假如“主人”喜欢听无下限无节操的重口味段子，那么“丧心病狂组”的“松鼠星人”就给诸位“主人”请安了……

有针对性的情感营销，为三只松鼠拉到了不少回头客。三只松鼠产品的二次购买率高达30%。据后台数据统计，自2014年元旦以来，三只松鼠天猫店平均每天约有15万人次的访客量。客户满意部每天要接待1万人以上的“主人”。松鼠卖萌客服的效率之高，由此可见一斑。

章燎原在接受媒体采访时表示：“三只松鼠把网络上流行的萌文化融入了营销，公司从网页设计、产品包装到客服人员的服务方式，都是针对年轻一代客户消费心理来进行的。三只松鼠通过品牌形象拟人化与对话式营销，赢得了年轻一族消费者的认同。”这就是三只松鼠能迅速发展壮大并成为业内领跑者的根本原因。

从某种意义上说，三只松鼠的卖萌营销也是一种口碑营销。

在过去，品牌口碑的传播渠道主要是亲朋好友。如今，电子商务高度发达，消费者不用出门逛商场，只要坐在电脑前上相关网站，就能很快获得商品信息，甚至直接下订单。此外，无论有没有网购习惯，消费者都常把对产品的感想写在购买评价、微博、微信上，这将在很大程度上影响其他潜在消费者的购买决定。所以，三只松鼠坚持以电子商务为本，以卖萌的情感营销为本，只做一个纯互联网的品牌。

根据三只松鼠官方网站的说法，公司在2014年1月的月销售额突破了1.6亿元。但与此同时，应接不暇的订单令三只松鼠遭遇了第二次发货危机。为了挽留客户，三只松鼠果断做出了赔付政策，累计向“主人”们赔付了81万元。公司上下齐心协力，终于共渡难关。由此，不难看出松鼠的价值观与其互联网思维的强大生命力。

2. 黄太吉，从煎饼里吃出创业的产品精神和互联网思维

街边的煎饼果子摊解决了许多上班族的吃饭问题。小区内、地铁口、学校边，凡是人流量大的地方，都有煎饼果子摊活跃的身影。北京普通的煎饼果子通常卖4.5元，煎饼果子小贩一天最多能卖出200张煎饼果子。那么这是煎饼果子店的极限业绩吗？当然不是。

北京国贸建外SOHO西区的某个角落，坐落着一家只有20平方米的煎饼果子店，店里只有13个座位。该店的双蛋基本款煎饼果子卖9元钱，每天能卖出1000多张各式煎饼果子。普通煎饼果子店通常只在上午活动，且只卖煎饼果子。而这家店除了煎饼果子外，还卖无矾手工油条、秘制卤汁豆腐脑、现磨醇豆浆等饮食，并且营业到晚上2点。

这家打破常规的煎饼店名字叫作“黄太吉”，跟满清王朝第二代君主皇太极的名字谐音。在此之前，谁也料不到，吃煎饼这种老土的行为也能变成中高端白领消费者的时尚。

黄太吉的第一家店于2012年7月28日开业。此时的传统餐饮业还没有意识到它的冲击。次年11月，这家小店的月销售额居然超过了100万，市场估值更是高达1个亿。如果不是事实摆在眼前，大家肯定认为这是个天方夜谭！

黄太吉的创始人赫畅说：“黄太吉是一家互联网公司。”这个说法令人大跌眼镜。但仔细观察黄太吉的经营模式就不难发现，赫畅采用了类似小米的粉丝营销策略。截止到2014年6月9日，黄太吉新浪官方微博（ID名称为“黄太吉传统美食”）的粉丝量为107594。由于粉丝众多，黄太吉没打什么广告就已经形成了自己的固定消费群体和潜在顾客。粉丝营销之所以如此成功，与老板赫畅的头脑是分不开的。

赫畅阅历丰富，曾在百度等互联网公司任职，也曾办过4A公司，所以他深谙互联网思维与营销之道。做互联网经济最重要的是什么？不是钱，而是投入大量的时间和精力与消费者进行及时而平等的互动。

“黄太吉传统美食”上的每一条微博，都是赫畅亲自回复的。赫畅认为，一个人和一个微博账号就能完成互联网营销。当网友在“黄太吉传统美食”发的微博下进行评论时，赫畅通常会在两三分钟内做出简明扼要的回复。

从某种意义上说，网民们是先对赫畅感兴趣，然后才关注黄太吉的。赫畅的个人形象与黄太吉的品牌形象几乎完全吻合，甚至可以说他就是黄太吉的形象代言人。

赫畅爱好广泛，喜欢研究外星人的神秘文化。他在“黄太吉传统美食”微博上经常分享生活、旅游中的见闻，时不时发点“正能量”的励志短文。正是这种亲民的形象拉近了粉丝们与赫畅的距离。

作为资深的IT人士，赫畅对如何经营微博等网络平台有着独到的看法。他说：“微博是一个活生生的性格，要从内往外做。以往发微博往往先想到的是怎么做，然后是做什么，最后是谁做。而我们是反过来的。”

听说过“黑洞型”微博营销和“太阳型”微博营销吗？这是赫畅自创的分类方法。

所谓“太阳型”微博营销，指的是单向传播的微博营销。单方面给粉丝灌输信息，而不注重互动。粉丝除了转发之外，几乎没有什么其他互动。“黑洞型”微博营销则恰恰相反，不是自吹自擂，而是让粉丝帮你说话。用你的产品与服务特色打动粉丝，让他们来替你发表意见，像“黑洞”一样把这些信息吸收进来。

不少黄太吉的消费者会把结账小票上的“箴言”用手机拍照，然后分享到微博上。赫畅自己也会把每日小票箴言上传到官方微博。例如有一张2014年6月9日的结账小票上写道：“今天不论什么考试成绩，都是人生新的起点。”

有吃夜宵习惯的消费者，最喜欢用手机拍美食，并在微博上发给某些正在减肥的朋友。这就是微博上常见的名为“报复社会”的开玩笑方式。这种玩笑在调剂大家心情的同时，也潜移默化地影响着其他网友。不少顾客就是慕名而来，想看看微博上传说的黄太吉究竟是怎样一个煎饼果子店。

永远不要幻想能控制消费者，你能做的只有引导他们。赫畅为了扩大微博的影响力，主动制造了一些优惠活动。

例如黄太吉三里屯店开业时，赫畅宣布了一项活动——每名消费者都可以跟黄太吉的五个“当家”（合伙人）比赛剪刀、石头、布。谁赢了就能免费吃煎饼。结果仅仅开业三天，黄太吉三里屯店就送出了1500多张煎饼果子。尽管投入了不少成本，但活动在微博上形成了热门话题。不少参与者在微博上分享当时的感受，传播黄太吉的口碑，于是亲民的黄太吉又涨了不少粉丝。

在一般人眼中，煎饼果子并不是什么高端大气上档次的食物，反而有种“土得掉渣”的屌丝气息。但黄太吉煎饼店的装修很有品位，也特别注重用餐环境的舒适度。例如黄太吉店里有免费的WiFi。为了方便消费者上网，店内随处可见关于如何上网分享的提示。

实际上，黄太吉的产品特色并没有达到惊世骇俗的地步，甚至有不少消费者认为，黄太吉的煎饼果子味道一般，人气高主要是因为老板善于营销博眼球，大家好奇心强罢了，尝过之后就不愿再做回头客。众口难调，黄太吉的煎饼果子是否美味，是个见仁见智的话题。但不可否认，比起产品本身，黄太吉更能打动消费者的是那种“以用户为中心”的互联网思维方式，即通过各种体贴的服务，增强用户体验的舒适感。粉丝营销注重粉丝的体验感与尊重感，黄太吉在这点上做得很到位。

黄太吉建外SOHO店的选址减少了经营成本，却也给消费者带来了一些困扰，因为那里不准停车。尽管如此，还是有不少慕名而来的粉丝宁可被交警贴罚单，也要来黄太吉消费。

粉丝的诚意是宝贵的，不能伤害；但法律法规是严肃的，也不能违背。尊重粉丝就是尊重企业的衣食父母；尊重法律法规是企业应当承担的义务与责任。所以，黄太吉兼顾情理法，替消费者想了三种停车攻略：告诉大家什么地方可以合法停车；打开后备箱，表示自己没完全停好（这种情况一般是不开罚单的）；如果不幸被交警叔叔贴罚单，黄太吉的服务员就免费赠送一杯南瓜羹给被罚款的消费者压惊。既不得罪法律，又照顾消费者的体验，黄太吉的服务可谓用心良苦。

人性化服务是“以用户为中心”的具体表现。除了停车攻略外，黄太吉还宣布了“洗车人行动”：假如有消费者买88元的高价煎饼，黄太吉就免费提供一次洗车服务。其实，洗一次车的价位大约是30~60元不等，再买个4~5元的普通煎饼果子，也用不了88元。但黄太吉的这个做法并不能完全用金钱来衡量。因为在这个世界上，几乎找不到第二家煎饼果子店会帮你考虑怎么避免收到罚单，帮你提供洗车服务。

很多企业重视店内的用户体验，但消费者一出店门就不再关心。这不能说没有合理因素，但在互联网经济日益发达、消费者越来越挑剔的今天，这种旧观念未免有些滞后。真诚的服务不应该因为一道门而止步。黄太吉的理念是让消费者无论在店内还是店外都能得到贴心的用户体验。唯有这样，才能提高消费者的回头率，并进一步培养新的粉丝。

通过人性化的服务与微博互动，黄太吉发展起了数以万计的粉丝，建立了自己的社交圈子。粉丝经济这张牌被黄太吉运用到了极致。正是因为大量粉丝的捧场，以及粉丝不断地协助口碑营销，黄太吉才把一个普通的煎饼果子小店，做成了一个月销售额上百万，市场估值达到1个亿的新潮食品店。

Chapter 8

简约思维法则

用户喜欢你只需要一个理由

比起以前的人们，今天的消费者是幸运的——他们能获取到空前多的信息情报，对产品有更多的选择余地，甚至在互联网的帮助下，连逛街碰运气的体力活都省掉了。坐在电脑前，打开相关的电子商务网站，用搜索引擎轻轻松松输入关键词，就能看到一大堆产品信息。而在商场逛三天三夜，也不一定比在网上商城浏览半个小时得到的信息多。更重要的是，网上商城交易手续简便，消费者无须像在商场里那样排队，只要轻松输入购买信息，点击确认，然后等着快递公司送货上门就行了……

生活似乎变得越来越简单。这其实是个错觉。在这个后工业社会向前信息社会过渡的阶段，新生事物一下子涌现得太多太多。这几十年里出现的新信息、新事物，比几千年农业社会与几百年工业社会加起来还要多。世界越来越复杂，生活怎么可能越变越简单？

你在网上购物方便至极，可以安心做足不出户的宅男宅女。但网上商城的数量与日俱增，产品推荐页面的信息量更是以翻倍的速度增长。于是，网民们纷纷吐槽说自己患上了传说中的“选择强迫症”。说到底，“选择强迫症”是由于商品信息太复杂，大大超出了消费者大脑运算速度的结果。

当消费者患上“选择强迫症”时，你的赚钱机会就会面临着很大的挑战。有什么办法可以破解吗？有！以简约思维入道，排除一切花里胡哨又毫无用处的冗余信息，突出产品和服务的简洁性。让消费者可以用最简单、便捷的形式获得满意的产品和服务。可以说，在日趋复杂的市场中，简约就是用户喜欢你的理由。

1. 大道至简，为用户提供方便就是为自己打开财路

发达的现代交通通信技术，大大加快了人们的生活节奏。这主要是因为信息与物品的传递速度发生了质的飞跃。古时候采用八百里加急快递，才能保证从广东摘采的荔枝送到长安城时不变质。这是古人最快的送信速度。而在今天，东北与海南的网友能借助QQ视频即时聊天，企业可以通过电话或视频召集全国各地的分公司高层开会。也就是说，在过去要花很长时间才能做完的事情，如今只需要很短的时间就可以完成。效率的提高让人们在单位时间内处理的信息与事件翻了很多倍，生活节奏根本慢不下来。

过快的生活节奏改变了人们的行为习惯。消费者面对海量的商品信息，产生了“选择强迫症”。他们的选择成本其实很低，只要动一动鼠标，就相当于从北京的商店跑到纽约的商店。但信息爆炸使得他们难以像过去的消费者那样耐心地货比三家、反复挑选。

没错，现在的消费者都缺乏耐心。为了提高效率，他们学会了用最短的时间来辨别商品信息。任何不能一眼看明白的广告，消费者都会全部跳过；任何复杂的事物，例如设计太花哨的网页、太费脑子的节目等，都会被消费者弃如敝履。假如不能在几秒钟内吸引他们的眼球，就意味着商品被放弃。

在这种背景下，消费者的审美观趋于简单化。交易流程的步骤越少越好，最好能省略中间环节，让生产商与用户直接对接。操作越简便越好，恨不得连没接触过互联网的文明傻瓜都能很快上手操作。“一切从简”的简约主义已经成为企业开发产品与提供服务的新准则。因此，各类企业在每隔一段时间就推出五花八门的新产品的同时，也在积极致力于为消费者提供更简洁、方便的用户体验。

如果要经过繁琐的过程，消费者的购物乐趣就会瞬间变成烦躁情绪；如果操作一个产品要花时间弄懂复杂的操作步骤，消费者就会毫不犹豫地放弃。

简约就是力量，简约就是智慧，简约就是王道。简约的网页设计会让消费者感到清爽，增加浏览次数和停留时间。简约的产品操作界面会受到更多消费者的青睐。繁忙的工作和学习已经消耗了人们的大部分脑力，假如使用产品还要像进行项目技术攻关那样费脑筋，那也太不人性化了。

因此，大道至简，为用户提供方便就是为自己打开财路。企业在研发产品与提供服务时要注意三简原则：看着简洁，用法简明，描述简单。

看着简洁就是所谓的“一目了然”。不要堆砌无关的信息与花样，把设计简洁的界面呈现给消费者，让他们一看就能知道产品的所有内容。这要求广告宣传制作时提炼好产品的卖点。用简洁的界面分类排列信息，能提高浏览效率，避免消费者淹没在信息大海中。争取让消费者能在5秒钟内初步判断产品是否符合自己的需要，这样消费者才会追问更细致的产品信息。做到这点，才称得上看着简洁。

用法简明对于当代消费者而言非常必要。很多年轻的消费者并不只是为自己购买产品，还常常给家中置办最新款的手机等通信工具。但中老年人大多不熟悉手机、电脑、互联网等事物，操作的简明性是决定他们是否使用产品的关键。每一款产品都有详细的说明书，然而，中国消费者的习惯是：不看说明书，把操作键全部按一遍，自然就明白怎么操作了。流程较多的操作，会降低产品使用的便捷性，让用户体验的满意度下降。

在互联网经济时代，只有善于化繁为简的品牌才能无往不利。全球知名互联网搜索引擎谷歌，就是依靠简约赢得用户支持的典型案例。

谷歌自成立之日起，就奉行简约主义理念，所以你不会在谷歌的页面上看到多余的按键。谷歌的每项功能都要接受严格的测试，只有通过了高级搜索页面和谷歌内部评分系统的测试，新功能项目才能放上主页。

此外，与其他搜索引擎不同，谷歌并不追求增加搜索结果的显示条数。在一般人印象中，上网查资料的人，应该希望找到尽可能多的资料，即网页显示的搜索条数越多越好。可是谷歌经过市场调研后发现，显示的搜索结果并不是越多越好。因此，谷歌抛弃了传统观念，把每页显示的搜索结果确定为10个，让搜索页面看着相对简洁。

全世界的搜索公司不止一家，但唯一能保持搜索页面简洁风格的只有谷歌。近乎执着的简约设计，并未让用户觉得返璞归真的谷歌网不够人性化。因为谷歌会设计一些别出心裁的标识，给简约主义风格增添几分趣味。谷歌主页每天都要接待数百万计用户的访问。他们有时候并不是真想搜索什么信息，而是想看看今天谷歌的LOGO又变成什么新奇的样子了。

简约主义的设计大大方便了谷歌的用户，也令谷歌的业绩水涨船高。但坚持简约主义并不是件容易的事。特别是在消费者热衷追求鲜明个性、广告宣传纷纷标新立异博眼球的大背景下，谷歌的坚持并不容易。

值得注意的是，简约不等于简陋。简约思维的本质是删繁就简、突出核心，而非简陋呆板、功能不全。

主页上的许多元素都是无关紧要的点缀，可以大刀阔斧地精简。然而，某些内容至关重要，最好不要轻举妄动。特别是那些最能体现品牌个性的内容，哪怕只是一个小元素，也要保留下来。强干弱枝，返璞归真，去除多余，保留精髓，这便是谷歌的简约思维。

谷歌保持简约思维最大的挑战并不是同行的竞争策略，而是用户的反馈意见。和所有的公司一样，谷歌曾经在用户中做过多次市场调查。结果每一次用户们都表示：希望能在页面上显示更多的搜索结果。因为用户们觉得搜索结果多，才能体现谷歌强大的搜索功能。

但是谷歌老总坚决不给用户们提供更多选择。这种做法似乎与“以用户为中心”的互联网思维背道而驰。其实不然，谷歌固执己见的理由并没有脱离互联网思维的逻辑。

假如在搜索主页上显示更多的搜索结果，网页必然要花费更多的加载时间。如此一来，反而会降低搜索的速度和效率。降低搜索效率是用户体验中最不能容忍的问题，这是谷歌技术人员反复测试后得出的结论。可是，大多数用户并没意识到这点，只是凭着主观感受提出相反的意见。

假如迎合消费者的主观臆断，谷歌也许会跟其他搜索引擎一样得到更多好评，但也会失去简约主义这一立足法宝。谷歌人确信：每个页面上显示10个搜索结果是最佳选择。这种基于大量数据实验产生的研究结论，远比广大用户的主观臆断更切合实际。所以，谷歌一直无视用户们的要求，将简约主义贯彻到底。一切都是为了满足用户实际的需求，而不是他们自认为有必要的需求。这完全契合“以用户为中心”的原则。

简约思维不仅仅是把产品简单化，还包括适当收缩服务范围。既然谷歌在现实搜索结果条数的问题上不惜得罪用户，那么必须通过提供更精益求精的搜索结果来赢回用户的好感。缺乏质量保证的简约实为简陋，以精致打底的简约才是真正的简约。当其他竞争对手通过增加更多服务项目来招揽消费者时，你必须顶得住诱惑，守得住原则，不要跟在竞争对手后头跑。

消费者知道自己的需求，但并不一定懂得哪些东西真正符合自己的需求。这恰恰是企业必须做好的工作。特别是像谷歌这样奉行简约主义战略的企业，必须明确信息的轻重缓急与价值的大小多少。否则，谷歌就没法弄清哪些内容可以精简掉，哪些内容该强化，即很可能抓错重点，把返璞归真的简约风格弄成缺乏内涵的简陋风格。

形式的简单与内涵上的丰富，是简约思维的核心。无论在形式上如何删繁就简，产品与服务的内涵都应当不断增加。加法与减法搭配使用，才能为用户提供真正的方便之门。

2. 专注才有力量——学会把最简单的业务做到极致

黄太吉的创始人赫畅曾经指出：专注于一件事，把小的事情做到极致，同样可以做成大事。黄太吉以实践证明，专注的力量能缩短成功时间，这是互联网经济中一条可行的捷径。

专注是简约思维的一个重要内容。《道德经》上说：“多则惑，少则得。”专注意味着少做事，把精力集中在主要项目上。专注的力量表现在对产品的极致追求上。“三天打鱼，两天晒网”的短线突击战术可能会得利，但那样注定无法把产品做到极致。只有专注才能走向专业。互联网经济讲究效率制胜，谁在最短的时间里捕捉到新的商机，谁就可以赢得主动。当然，光是捕捉到新商机还不够，还必须以持续的专注力来把这个商机的价值充分发挥出来，从而将业务做大做强。

不少企业为了分散经营风险，会选择同时投入到好几个项目中去——东方不亮西方亮，这个项目亏了，还能靠其他项目赚回来。这种经营策略无可厚非，但注定无法打造出成功的企业品牌。尽管有人声称最赚钱的项目不是能创立品牌的项目，但涉足多元化市场大大分散了企业的精力，纵然能盈利一时，也无法跟那些树立起品牌的企业拼后劲。

在这个信息爆炸的年代，保持专注力非常困难。信息日新月异，人人唯恐变成时代的落伍者，于是拼命追踪最新信息。到头来，人变得越来越浮躁，越来越缺乏专注力。事实上，在互联网经济中，专一化战略非但没有过时，反而更加重要了。

用户的需求是多种多样的，但也分主次大小、轻重缓急。谁能满足用户最重要且最急迫的需求，用户就会报之以李，成为谁的忠实粉丝。假如只是一味地随波逐流，没有专注思维，就不可能真正看清用户需求的关键点，也就不能制造出超出用户预期的极致产品。互联网已经逐渐将“渠道为王”的格局变为“产品为王”，倘若做不出极致产品，就无法赢得消费者的青睐。

对于刚起步的创业公司而言，专注思维关乎生存。创业者手中的资金、人力、资源、门路都非常有限，唯有集中力量专注攻打一个突破口，才能获得消费者们的支持。

专注思维的要点是牢牢锁定专注对象。专注对象不只是某个点，而是产品从设计到销售的整个过程。专心经营自己的每一个环节，专注目标用户的需求，紧紧围绕用户的需求，把产品与服务完善到极致。这样才能得到用户的青睐。

黄太吉的煎饼果子并没有达到出神入化的地步，但其创始人把贴心的人性化服务做到了极致，所以才能创造出煎饼果子店中的奇迹。

三只松鼠没有搞多样化食品业务，而是专注于坚果、干果等“森林食品”。三只松鼠的客服专注于“卖萌”，树立起了消费者眼中“萌松鼠”的品牌形象。正是这份强大的专注力，让三只松鼠成为坚果零售业的冠军。

这两家企业从开业到爆红业内，也不过是短短两三年的时间。他们迅速获得成功的原因很多。但其中一个最重要的因素是：两者都专注于主营业务，把最简单的业务做到了极致。

煎饼和坚果都是稀松平常的食物，不像雕爷牛腩拥有价值500万的天价配方。黄太吉的小店虽然装修时尚，但说白了，也只是个品位比较高的用餐场所。三只松鼠与绝大部分电子商务公司的工作流程基本一致：从网上收消费者下的订单，向生产商提货，再交由快递公司发货到消费者手上。

乍看之下，两家企业没什么与众不同的地方。但专注思维与品牌意识让两者把最简单的业务不断升值成了赚大钱的项目。专注的力量由此可见一斑。

不少企业采取多元化经营，包括不断推出新款产品，以满足不同用户的需求。其中有的新产品只是新瓶装旧酒，换包装不换本质；有的新产品则是增加了不少复杂的新功能。

曾有业内人士吐槽，某款新产品为迎合互联网产品的审美风格保留了不少鸡肋功能。结果到头来，很多用户几乎不用的鸡肋功能影响了整体操作，得到一片差评。最终产品经理痛下决心，大幅削减了产品中的鸡肋功能。不料，简化版反而获得了用户们的称赞。

上述正反面案例表明，开发太多的花哨功能未必适合用户需求，能把简单的业务专注做好，反而能获得更佳的发展机会。

专注思维的要点是学会取舍，甚至牺牲。贪大求全没有好处，专精一门的企业比贪多嚼不烂的企业更有发展前途。

想要做到专注，就要集中精力做自己最擅长的事。那些不怎么重要的业务，都应该大胆舍弃。企业在创业之初相对容易保持专注力，因为资金、人力、资源、门路的短板让企业没办法广撒网，只能集中力量开发单一市场。然而，当企业发展壮大之后，就会面临更多的选择：是让企业以最快的速度扩张？还是让企业以稍微缓慢的速度健康成长？最擅长的业务已经成熟稳定，是否要向其他领域扩展？是分心去做多样化的业务，还是继续专注于主业？这些选择都考验着决策者的神经。

有所为容易，有所不为困难。特别是企业一时发展顺利的情况下，很难让人放弃。专注思维更多的时候表现为选择不做什么。美国通用电气公司的前CEO杰克·韦尔奇在担任总裁时，曾经为集团收购了上百家有价值的企业。然而，他自己却认为，拒绝了上千个看似很值得投资的机会，才是他对通用电气最大的贡献。

要知道，通用电气公司并不具有专一化战略的传统。恰恰相反，它是全世界最大的多元化经营战略实践者。尽管如此，杰克·韦尔奇依然审慎地对待各种潜在的投资机会，让通用电气公司保持对既有业务的专注性。

如前所述，专注的力量可以改变企业命运。哪怕是最简单、最不起眼的业务，只要专注去做，并做到极致，就可以在互联网经济时代打出自己的一片天地。

专注是企业做好品牌的必要素质。不要担心专注会让企业错过其他市场机会。要知道，哪怕是全球500强企业，包括那些采取多元化战略的企业，也只是对一部分目标消费者服务。从这个意义上说，多元化战略指导下的每一个事业部或项目组，同样遵循着专注出成绩的法则。

事实上，用户喜欢你的品牌只需要一个理由。例如，质量过硬、服务贴心、经常互动、信誉良好等。所以，企业在树立品牌时，应当紧紧围绕自身优势，专心赚那一部分属于自己的钱。老话说得好："逐二兔者不得其一。"想同时抓住两只兔子，最终结果反而是一只都抓不到。因此，企业无论是大是小，都应该学会专注于主要目标，专注于目标消费者。

当代消费者的思维方式有五个特征：只能接受有限的信息，多余的信息会被无情舍弃；喜欢简单易学易上手的产品，讨厌复杂繁琐的东西；缺乏安全感，会选择与周围人相同的消费习惯，以避免花冤枉钱；对品牌形象的认知一旦固定，就不会再轻易变化；想法容易失去焦点，会被多样化的新产品吸引。

所以，企业要明确市场与产品的定位，把产品与服务做到极致，专注于维系自己的目标客户群体。这样才能避免在激烈的市场竞争中迷失方向。

商海广阔无垠，既充满了风险，也充满着机遇。嗅觉敏锐的企业可能会预见到多个机遇，但越是机会多的时候，企业决策越是要注意专注。“逐二兔不得其一”，分散注意力同时追逐两个机遇，很可能最终一个机遇都抓不到。遇到这种情况时，决策者应当牢记：专注才有力量，果断放弃收益较小、风险较大的机遇。专注做一件事，把简单做到极致，才能脱颖而出。

3. 简约就是美，做产品就是做减法

书画创作有“留白”之说。通过合理地“留白”，给欣赏者想象的空间。若是布局堆砌得密密麻麻，哪怕用笔再工巧，也无法让人赏心悦目。做产品也是同样的道理。简约就是美，繁文缛节反倒不美。《道德经》上说：“为学日益，为道日损。”古人的修身智慧，同样适用于产品设计。具体而言，“为道日损”就是学会在产品设计中做减法。

过去人们追求更多新功能，以饱尝科技升级带来的新成果。可是物极必反！人的精力与时间毕竟有限，经常使用到的也就那几个基本功能，过多的新功能纯属浪费。

不得不承认，“好逸恶劳”是人的天性。不然“死于安乐”也不会成为自古以来的名言警句。都说产品设计要人性化，那么什么才是“人性化”呢？就是让消费者用着舒服，用着省力，最好一点脑筋都不用动。符合“好逸恶劳”的人类天性，就是人性化的产品。

简约主义的设计思想并不是新生事物。只不过在互联网经济时代，简

约思维的重要性更加突出而已。

互联网上有句谚语：“内事不决问百度，外事不决问谷歌。”这句话虽然不乏戏谑成分，但也从侧面说明了百度与谷歌两大搜索引擎的江湖地位。作为全球最大的两个搜索网站，百度与谷歌都是简约思维的力行者。一个LOGO，几个项目分类，一个输入信息用的搜索框，背景全无任何装饰。百度与谷歌的页面简约得如同白开水，但正是这种极端干净的设计，让广大用户能集中注意力去搜索自己要找的信息，而不是把注意力分散给搜索网站本身。

在普遍浮躁的社会风气中，专注力越强则效率越高。百度与谷歌的简约设计有助于让用户保持专注力，提高行动效率，故而获得了用户们的普遍欢迎。Facebook和Twitter也用事实向大家证明，功能简单的社交网站同样可以红遍半边天。因为简约思维设计出的产品具有很强的指导性，能通过最直观的方式，让用户以最短的时间了解到产品的本质。

百度和谷歌很明白“大道至简”的道理。假如页面设计过于繁琐，用户就会被多余的栏目或功能分散注意力。网站的页面效果是吸引用户的重要因素。但页面效果的美观必须以不影响功能为前提。按照简约主义的设计思想，只有在确保用户能以最便捷的方式享受服务的前提下，美化页面才有实际的意义。

简约就是突出核心主干，删除或隐藏多余的枝叶，简言之就是一目了然，直达主题。这是一种浑然天成的美感，也是越来越多用户的审美习惯。

简约主义，说易行难。简约的设计应当有美感，否则，产品就会显得冰冷无情，令人不悦，而消费者也就不会接受。尽管用户喜欢简约大方的设计，但这并不意味着他们赞同产品内容与功能过分减少。简约思维的减法，不仅是舍弃多余的次要部分，还包括突出标签的内容。能突出标签的产品，其功能属性一目了然，用户体验也更良好。这样的产品就具备了简约美的特质。

那么，什么样的产品才称得上简约美呢？

首先，产品的整体设计要和谐自然，没有突兀感。一般来说，简约风格的产品更容易招人喜欢。

其次，产品的特色明白如画，并且贯彻统一。没有标签思维的简约，不是真正意义上的简约，而是简陋。然则，不少产品的标签很丰富，但反而没能呈现出产品的特色。这是因为标签没有自己的风格，降低了品牌的识别度。简化的操作可以帮用户有效地发挥产品的性能，提高用户体验的满意度。好产品应当以简明的方式解决复杂的问题。产品的特色也由此体现。

最后，产品的功能简练，且功能之间相互联系紧密。简约的产品只需保留最常用的功能，然后再增加一些与常用功能相关的简便功能。

按照现代产品设计理念来看，太花哨的功能是一种浪费。不少企业的产品为了吸引用户，推出了许多花哨的功能。这实际上是增加了用户使用产品的负担。重点太多等于没重点，其他功能太多，反而会掩盖产品的核心功能。学会做减法，用户舒心，自己省力，何乐而不为呢?

那么，设计产品时到底应该减去什么呢?

首先，应该果断舍弃与主营业务无关的东西。

不少产品在最初有一个针对性很强的卖点。然后产品不断“升级”，添加各种新功能。企业这样做的考虑是，让这些新功能帮助用户更多地了解产品，并获得更良好的用户体验。按照这个思路走，企业一直以为用户追求的是更完美的产品。可事实上，真正解决用户需求的，往往是最初那个简洁的产品。

把产品做到极致的思维，常常让企业崇尚更高、更快、更强的奥林匹克精神。追求完美，得到更多，得到更快，贪大求全，把注意力集中在这些表面现象上，会迷失对终极目标的思考。产品设计者应当明确一点，产品研发的终极目的是开发出让更多用户都乐于使用的产品，而不是一个功能十全十美、无所不包的产品。

即使具备了简约思维，减法也并不好做。这是一个追求个性、流行个性化订制的时代。个性化意味着摆脱单一化的常规风格。想摆脱单一化风格，就得表现出多样性，没有多样性就显示不出个性。然而，增加产品多样性采用的是加法思维，而简约主义的产品设计理念采取的是减法思维。两者相互冲突。

用户希望自己的产品具有与众不同的个性，同时又不喜欢产品的操作与外观失去简约。既要简约干净，又要有一眼打动人心的个性特征，这无疑对产品设计师提出了更高的要求。

其次，设计某版本产品时，把用不到的东西都扔掉。

在产品设计过程中，增加新功能前应当好好看看用户调查报告。假如用户对某个新功能的使用频率可以忽略不计，舍弃这项功能也不影响产品的质量，那么请大胆淘汰，不要犹豫。

互联网产品的设计通常是走“大而全”的路线。恨不得用一个客户端满足一切用户的一切需求。然而，门户网站发展至今，设计思路已经发生了巨大改变。简单的界面与一目了然的内容，成为门户网站布局的新标准。过去以增加信息量为风向标，如今却极力减少不必要的信息。简约主义的审美情趣将成为越来越多的人的共识。这在移动互联网产品设计中体现得最为明显。

移动互联网产品由于轻便灵巧，成为广大消费者生活中必不可少的一部分。起初，设计师们满脑子“小而全”的理念，试图在移动互联网产品中增加尽可能全的功能。然而，移动互联网产品的屏幕太小，无法像台式电脑或笔记本电脑那样一次显示大量信息。所以，设计师们不得不舍弃某些功能。

此外，用户们在用移动互联网产品上网时，对繁多的次级页面很是反感。所以，设计师必须删减花哨的修饰与无意义的内容，优先确保对客户体验最重要的功能。尽量将页面设计得更简洁，优先考虑功能，专注于客户最关键的需求。

那么，什么样的产品需要做减法呢？

第一，关键信息隐藏太深，用户第一眼看不到想了解的内容，必须在仔细寻找后才能弄清情况，这样的产品应当做减法。

第二，操作流程太繁琐，一项简单操作需要用户花很多时间才能完成，这样的产品应当做减法。

随着互联网上冗余信息逐渐增多，大量垃圾信息淹没了真正有价值的信息。于是，用户对信息搜索提出了更高的精度要求。为了选择更有价值的内容，用户往往需要花费大量时间浏览信息。这种筛选的过程让用户疲惫不堪，所以他们对形式繁琐却无实际内容的东西十分厌烦。

因此，企业在设计产品时应当以简约思维为指导思想。无论什么时候，突出产品的核心功能都是第一位的。假如某项功能有助于提高产品的核心竞争力，而且不至于增加用户操作的复杂程度，那就可以考虑增加。反之，最好果断放弃。

4．一定要打造能让用户尖叫的产品

“专心做出让用户尖叫的产品”——这是小米公司最核心的经营理念之一，也是互联网经济时代的争霸法则。

所谓“让用户尖叫的产品”，就是指超出用户预期的产品。只有为用户提供超出预期的使用体验，才能赢得“尖叫”这一用户口碑。而要做到这一点，企业就必须保持专注力，追求产品的精益求精，把简约思维发挥到极致。

地球人都知道瑞士是钟表王国。从20世纪初开始，瑞士就是全球钟表行业的领跑者。这种市场格局在20世纪六七十年代发生了巨大的动摇。因为日本钟表强势崛起了。当时日本经济正处于鼎盛时期，日本货畅销全球。瑞士钟表虽然是高档货，但人工成本高，价格昂贵。而日本钟表虽然不高端大气上档次，但质量已经足够满足大部分消费者的需求，而且价格便宜。更重要的是，日本人开发的电子表对传统机械表市场形成了强烈的冲击。

那么，瑞士怎样才能摆脱窘境呢？当时有人提议瑞士钟表行采取“贴牌”战略。

为了降低人工成本，不少发达国家会把生产外包给发展中国家。当时的日本刚刚成为世界工厂，包括汽车在内的许多产业都向那里转移。生产工作外包给日本，品牌还是瑞士的品牌，赚一个剪刀差，经济上还是挺划算的。今天中国能成为世界工厂，也是借助了发达国家转移产业的东风。从运动鞋到汽车，中国替外国贴牌生产，被对方赚了剪刀差。由此看来，瑞士如果当年选择了贴牌战略，并不会吃亏。

然而，瑞士钟表匠的刻板、固执与他们制作的钟表一样出名。瑞士人的对策不是别的，正是打造“让用户尖叫的产品”。

几百年积累的钟表工艺与世界上最优秀的钟表匠，让瑞士钟表行业可以研制出令竞争对手难以企及的精品。因此，瑞士钟表匠们发挥技术优势，把钟表做得更加极致。他们经过反复研究，把钟表的300个零部件简化为100个。这样一来，工本大大降低，生产效率也有所提高。日本货虽然物美价廉，但质量与档次毕竟不如瑞士钟表过硬，而电子表也并未全面取代机械表。所以，瑞士依然保持了全球钟表行业的领军地位。

瑞士人抵制住了贴牌战略的诱惑，是其成功的关键因素。赚剪刀差的贴牌战略虽然能节省人工与资源，但时间一久，被贴牌国家会在产业链完善之后另起炉灶。到那时，贴牌国家的生产线早已转移到海外，很难用制造技术夺回市场。瑞士人拒绝把产业转移到日本，不光是为了维护“钟表王国”的尊严，也是预见到了贴牌战略在未来的隐患。

这件陈年往事给我们上了生动的一课。当竞争对手的产品物美价廉时，除了降低工本、减价促销外，把产品做到极致也是个有效的办法。当产品大大超出用户的预期，具有竞争对手无法模仿的特色时，企业将获得更多成功的机会。

企业要想打造出让用户尖叫的产品，必须把握好以下四个要点：

其一，准确把握用户需求。

用户最头痛、最渴望摆平的问题，用户觉得别扭却无处着力的地方，用户感到开心、痛快的兴奋点，这些都是用户需求的重要组成部分。只要能准确把握用户的这三类需求，就能生产出超过用户预期的产品。

例如上述的瑞士钟表，并没有跟着日本钟表的节奏跑，而是坚持了精工高端的路线。瑞士人很清楚，自己不可能垄断所有的钟表市场，于是放弃了全面竞争市场，转而集中力量维护并开发高端市场。无论日本在中低端市场如何顺风顺水，都难以满足高端消费者挑剔的市场需求。正因为准确把握了高端消费者的需要，瑞士钟表匠才成功捍卫了“钟表王国”的口碑。

其二，逼出自己的潜力。

想做出让用户尖叫的产品，就必须把浑身的潜力给逼出来。只有把自己逼疯，才能把对手逼死。逼疯自己是种夸张的说法，其本意是用完美主义精神强迫自己不断精益求精。现在的用户胃口挑剔，内心敏感，因此，想为用户提供超过预期的产品和服务，就得比用户更加挑剔。挑剔到让自己“疯”掉，然后以背水一战的气概逼自己闯出一条新路子。

小米公司对产品设计有三个标准：加正值、不加不减、加负值。

“加正值”是指该项设计具有存在的必要性；“不加不减”是指该项设计可有可无；“加负值”是指该项设计会产生副作用。小米追求的极致就是把每个工具都调试到最优化，不仅要清除所有“加负值”，连“不加不减”的设计也毫不留情地抹去。逼自己用比消费者需求更高的标准来设计产品，这就是为什么小米能把产品做到极致，赢得广大“米粉”的秘诀。

其三，盯紧管理工作。

设计上的高标准，必然导致对管理的高要求。因为精益求精路线要求每个环节都不能松懈，但人毕竟不是机器，难免会有松懈。如果管理松弛的话，不仅没法逼出自己的潜力，也很难持续保证设计、生产、服务的高质量。

产品研发设计通常由产品经理来盯。但在互联网经济时代，企业最高领导者本身往往就是公司的头号产品经理。例如，奇虎360公司董事长周鸿祎就自称是“360公司首席用户体验官”。腾讯公司老总马化腾和小米公司老总雷军也是如此。在这个产品为王的时代，互联网企业领导者应当具有产品经理的头脑，这样才能抓准用户需求，并想出超过用户预期的创意。此外，企业还应该注意培养和选拔产品经理，以保障研发团队能贯彻“打造让用户尖叫的产品”的理念。

其四，要敢于颠覆惯性思维。

“毁三观”“刷新三观”是今天互联网上非常流行的词语。其本意是颠覆了人们对某人、某事、某物的固有认识。需要注意的是，这里的“毁三观”，并不是真要捣毁消费者的人生观、价值观、世界观，突破道德与法律的底线，而是要求产品和服务能颠覆消费者的惯性思维。

想让用户尖叫吗？那就做他们没想到的事吧！

那些年杀毒软件行业顺风顺水，各大企业纷纷采用收费模式。奇虎360公司却反其道而行之，推出了免费服务。此举引发了整个杀毒软件行业的大洗牌。由于360安全卫士与360杀毒的正版软件可以免费下载，而且操作设计简明易懂，非常受广大网民欢迎。尝到甜头的奇虎360公司在此后不断“毁三观”，处处挑战人们的惯性思维，终于发展成了中国互联网产业的一大巨头。

但是，不是每个“毁三观”的举措都能获得成功。有的企业误以为“毁三观”只是用营销手段不断挑战消费者的猎奇底线。到头来，噱头是炒热了，但产品与服务本身却没有升级。这样根本无法让用户尖叫。其实，奇虎360公司的“毁三观”，是立足于不停地创新和微创新，通过把产品做到极致，来颠覆消费者的惯性思维。

互联网思维的核心是口碑，口碑来源于让用户尖叫的产品和服务。想要打造出让用户尖叫的产品和服务，就得从生产设计到管理运营都贯彻精益求精的极致精神。卓越的产品解决了用户的需求，甚至实现了用户自己都没有意识到的潜在需求，故而能给予他们极致的体验。

产品不仅仅是功能载体，更是一个具有高度传播价值的天然媒体。那些能给予用户极致体验的产品，最能发挥其隐藏的媒体属性。换句话说，在互联网经济时代，好产品自己会说话，而前提是你的产品必须能让用户“尖叫”。

5. 简约思维法则：小处着眼，微创新

山寨文化令不少企业头痛。有人推出新事物，马上就有一群人跟风。结果产品雷同率很高，市场竞争同质化。没有个性特点的产品，在这个年代是不会受到消费者青睐的。所以，有远见的大小企业，都在绞尽脑汁地进行创新。

互联网让知识更新的速度呈爆炸式增长。但随着知识体系的专业化与复杂化，类似于工业革命那样的根本性创新越来越困难。也许你想破脑袋做出了一样“新”东西，结果上互联网一搜，却发现类似的创意早在若干年前就已经出现了。

互联网经济时代，领跑者是“赢家通吃”，跟风者的收益是随着先后顺序依次递减。所以，要赚钱就得动脑筋走在前面。革命性创新不好做，那就退而求其次，从小处着眼，朝微创新的方面着力。

什么是微创新？例如，风靡全国的“屌丝”一词，就是由百度李毅吧的普通网友们发明的；又如，网络上的“回家体”“淘宝体”“咆哮体”、三行情书、三行遗书、恶搞视频、微动漫等网络文化产品，都是网友们自发涌现的小创意。这些小创意成本不高且技术门槛低，几乎人人都可以做。不像高精尖技术，不砸个几十亿美元就做不出来，只要你花点时间与精力去琢磨，就可以搞定微创新。

虽然网友的微创新主要是用来娱乐消遣的，但巨大的传播效应从侧面反映出了其巨大的潜在商业价值。所以，企业可以采用简约思维的办法，放弃技术难度过大的创新，转而采用四两拨千斤的微创新。成本低廉的微创新，能让消费者得到更好的用户体验，给企业带来差异化竞争优势。

微创新不仅具有以小博大的效益，还能降低企业创新的风险系数。由于成本低廉，技术简易，就算微创新不成功，企业的大量资金、时间、精

力也不至于打水漂。特别是刚创业不久的公司，无论资金、人力、渠道都不能与老牌大公司相提并论，所以更应该采取简约思维，集中力量搞微创新。

互联网经济的微创新主要有两个指导思想：从小处着眼，让产品契合用户的心理需求；迅速创造，不断试错，成功之前别停下。

以用户为中心是互联网思维的一个重要内容。用户思维与简约思维交织在一起，就是微创新产生的土壤。在这个信息过剩的年代，消费者的审美逐渐从繁华风格回归到简约主义。简约不是简单，更不是简陋。用一句老话说就是："好钢用在刀刃上！"企业在设计产品时，必须准确把握用户的心理需求，特别是要找出那些能对用户的内心体验产生巨大影响的细节。

这是一个用户体验为王的时代，很多创意都要靠用户来驱动。过去用户购物更多是被动选择，但互联网及网络社区的出现，让用户能够更充分地表达自己的需求与感受。产品研发人员与用户看问题的角度不同。研发人员往往追求技术上的新潮，让产品面面俱到、完美无缺。而用户大多时候更关心产品使用起来是否简单、便捷。产品只是功能齐全、高端大气上档次，但却操作复杂，也会让用户心烦。

所以说，假如企业闭门造车的话，很难做出让用户心灵触动的极致产品。企业应当转变传统观念，创新应以改善用户体验为立足点，而不是仅仅从企业的角度出发。企业在做微创新时，应该先掏空自己的头脑，暂时忘掉技术与过往的成功经验，重新站在用户的视角来看问题，把用户体验的满意度放在第一位。

不要小看微创新的力量，那些摸准用户心理需求的微创新，能够结结实实地打动用户的心灵。通常，小小的改变就能带来全新的感觉。从这个意义上看，微创新其实并不微小，甚至可能释放出开拓市场的巨大能量。

因此，企业在进行微创新时，不宜贪大求全，老想着创造一个无法超越的新东西。而应该从小处着眼，从点点滴滴的细微之处改进。微创新不一定是技术上的突破，只要能让用户在使用产品时获得更方便、更简单、更划算的体验，都属于一种成功的微创新。

微创新最重要的理念转变是：将过去自上而下、由内到外的创新模式，转变为自下而上、由外到内的创新模式。在互联网经济时代，用户不仅是意见反馈者，也是创意提供者。用户在阐述自己的需求时，往往也会带出一些微小的创意。故而360公司董事长兼CEO周鸿祎指出："微创新，人人都是产品顾问。"微创新不需要专利实验室与资深科学家，企业的每一位员工与产品的每一位用户，都能成为微创新的发起者。

什么地方最容易产生微创新？同质化竞争最明显的地方。由于产品与服务同质化，缺乏鲜明的个性，所以消费者不会特意为某个品牌停留。也正因为同质化竞争过度激烈，才能把微创新的效果反衬得更明显。这就如同在一堆黑芝麻中放入一粒白米，一目了然。

微创新并不深奥复杂，无论是百年名牌老店还是新成立的弱小企业，只要用心观察用户的体验需求，都能找到微创新的机会。与此同时，由于微创新的成本与风险较低，企业能支付起失败的学费。所以企业可以连续出招，不断试错，直至找出最适合自己的那条路子。接下来，企业就可以专注于一点，把微创新的成果做到极致，打造出让用户尖叫的产品和服务了。

凡事有利就有弊。微创新简单易行成本低，也意味着被"山寨"的难度系数无限小。所以，微创新比那些技术含金量高的大创新更容易被竞争对手模仿。如此一来，微创新带来的差异化优势，很快又会被无数跟风者的同质化竞争所淹没。因此，企业应当树立常备不懈的创新意识，不断快速研发新的微创新，不断给用户制造新的美好体验。通过在微创新领域持续发力来保持企业的差异化优势。

那么，怎样才能源源不断地产生微创新呢？以"变态"服务闻名于市场的海底捞火锅告诉你，走群众路线，多吸收一线员工的点子，微创新自然就出来了。

海底捞火锅致力于打造"总是被模仿，从未被超越"的新鲜体验。例如推出折千纸鹤比赛。由于生意红火，海底捞各门店都有许多消费者排队等位。等位是个磨耐心的过程，偏偏现在的消费者普遍喜欢便捷，没什么耐心。于是不少客人因不耐烦漫长的等位，放弃了消费。为了解决这个问题，海底捞让客人在等位时顺便比赛折千纸鹤。一只纸鹤折合5毛钱，客人折得越多，本次消费越省钱。客人们专注于折纸，就会感觉等位的时间在不知不觉中缩短了。

只是一个细微的变化，就解决了等位过程中的用户流失问题。微创新低成本、高效益的特点，被海底捞火锅发挥得淋漓尽致。

自从创立以来，海底捞每次都能用微创新打动消费者的心。尽管其创意一再被跟风“山寨”，但超群的持续创新能力，让海底捞能够不断保持用户的新鲜体验。值得重视的是，海底捞的一连串微创新都是一线员工的点子，而非营销团队的包装。企业基层的一线员工直接与用户打交道，最清楚消费者对产品及服务的意见，特别是用户体验在哪方面存在不足。一线员工天天活在“地气”中，所以总能提出最接“地气”的微创新点子。

尽管不是每一位基层员工都有善于创造的头脑，但他们时不时冒出来的新想法，是微创新的力量之源。企业只需要设立一套激励创新的机制，就能不断收到来自一线员工的惊喜。因此，企业管理者不光要在公司上下树立微创新意识，把微创新视为立足之本，还应当坚持激励一线员工开动脑筋提供创意，甚至从用户那里收集创意。只有把广大微创新的主体利用好，才能摆脱“山寨文化”的干扰，甩开跟风者的同质化竞争，以微创新在互联网经济时代赢得一席之地。

微创新的成本小、效率高、门槛低、研发周期短，堪称大中小企业都能使用的有力武器。那些不具备过硬科研能力的企业，特别是刚创业的企业，不妨多像海底捞火锅那样在微创新上下功夫。从小处着眼，未必不能达到事半功倍的效果。

创富案例

1. 雷军与小米的互联网思维：专注、极致、简约、快

雷军是互联网思维的积极倡导者之一。雷军认为，互联网思维的核心是口碑，而赢得口碑靠的是专注，即集中力量只做一款产品，以专注力在每一款产品上下足功夫，把产品做成让用户尖叫的极致产品。除此之外，互联网思维还要简约和快。简约主义的设计，让用户能更便捷地使用产品，用最快的速度革新自己，创造更多的价值。在雷军的带领下，小米公司成为互联网企业的主要代表之一。

20世纪90年代，软件产业风头正劲，以做软件为主营业务的雷军也颇有自豪感。谁知市场从90年代末开始风云突变：马化腾与张志东于1998年11月29日创办了腾讯公司；李彦宏和徐勇在2000年创办了今天全球最大的中文搜索引擎——百度；马云也在1999年创办了阿里巴巴。互联网浪潮扑面而来，软件产业的地位迅速被取代。雷军感到自己似乎一夜之间变成了落伍者。这促使他开始积极思考关于互联网经济的未来。

雷军认为互联网就是一个拓展事业的工具，总有一天，全世界的公司都会成为电子商务公司。经过创办卓越网等尝试，雷军发现卓越发展比自己管理的金山公司更快。他带着这个问题思考了很多，最终总结出来一套互联网思维的方法论，即后来的“专注、极致、口碑、快”七字诀。根据这套方法论，雷军创办了小米公司，并帮助其他朋友创办了20多家公司。

雷军互联网思维的第一口诀是“专注”。

专注体现了简约思维。简约就是求专精而不贪多。不少人为了赶上互联网经济浪潮，一窝蜂地开办网站。结果到头来，每个网站都缺乏特点，味同嚼蜡。在这个信息过剩的年代，最缺乏的是精致而有价值的内容。简约思维，专注取胜，减少项目，避免把摊子铺得太大，集中精力专注做好

一两个产品。这就是互联网思维的第一个内涵。

小米基本只在一年推出一种机型，舍弃了同行竞争者的产品多样化战略。这种精益求精的极致路线，为小米带来了出色的业绩。专注做精品的发展道路，让小米投入更多的力量去完善产品，以保持每款产品的品质。

著名的美国苹果公司也为小米的专注主义添加了最好的注解。苹果公司已经成立多年，但却只推出过5款手机。然而，苹果手机每次一上市，都能成为消费者趋之若鹜的抢手货。雷军认为，苹果的成功就是因为专注做好一款产品。与其开发100款手机，不如专注做精一款手机。这就是雷军与小米的认识。

雷军互联网思维的第二口诀是“极致”。

雷军表示自己在做手机的过程中，深深体会到了大道至简的重要性。越简单的东西越容易传播，但也越难做。只有专注才能删繁就简，保留产品中最精华的东西。什么才是“极致”？企业通过竭尽全力能达到的最高水平就是“极致”，而把产品做到竞争对手达不到的高度也是“极致”。

当媒体抨击小米手机“山寨”苹果的iPhone时，雷军感到有些无语。他认为，伟大的作品根本无法抄袭，好东西更是不可能被抄袭的！假如小米会被他人抄袭，那只能说明小米做得不够好。雷军认为小米距离“极致”的境界还有很大距离。但通过每天脚踏实地、一点一点地改善自己，总能离偶像（苹果）更近一步。

雷军互联网思维的第三口诀是“口碑”。

海底捞火锅并不比那些五星级餐馆的环境好。雷军认为，海底捞的成功在于给出了超越用户期望值的服务。互联网思维的核心是用户的口碑，而口碑的根本在于超越用户的期望值。小米第一个产品刚出来时，仅仅在几个论坛里发出了几个公告，剩下的全靠“米粉”之间口口相传。没想到这一传就传遍了全世界。小米手机的操作界面被翻译出二十几个不同国家的版本，甚至美国有个博客站提名小米手机为年度产品。这就是产品口碑的力量。拼老命把产品做到极致，由此赢得口碑。道理虽简单，但做起来却不容易。

雷军互联网思维的第四口诀是“快”。

“天下武功，唯快不破！”雷军对这句出自武侠电影里的话深以为然。小米从成立至今，仅用了不到4年就暴涨为行业巨头。但雷军仍然希望小米的发展再快一些。他的观点与众不同，企业快速发展时的风险往往是最小的，反而是速度放慢时，会暴露所有的问题。所以，雷军强调在互联网经济时代，企业应当加快发展速度。

倾听用户的声音，快速试错，快速换代，快速解决用户反馈的问题——这是小米模式的关键。

以前的手机上市后，任何毛病只能推给下一版手机解决。苹果和谷歌加快了手机换代的速度，苹果的iOS系统每年有一次较大的升级，谷歌的Android系统更是半年升级一次。而小米的MIUI系统创造了新纪录，每周升级一次。这是全世界第一个实现每周升级的手机操作系统。

小米的周升级速度，得益于独特的研发模式。MIUI团队没有在实验室里闭关，而是经常泡论坛收集“米粉”的反馈意见，再根据这些意见来推动MIUI的升级。除此之外，MIUI还邀请120多名小米发烧友加入“荣誉开发组”，协助研发团队进行新版本调试。

这种完全靠用户需求驱动的模式，充分体现了互联网思维的特点。正是借助新研发模式的力量，小米公司才能把“专注、极致、口碑、快”的企业文化发挥得淋漓尽致。

雷军致力于把小米手机打造成中国首个互联网手机品牌。小米手机采用互联网模式来研发，利用互联网来宣传和销售。整个商业模式从头到尾都高度“互联网化”。人们一直在争论小米模式到底更像哪个企业，事实上，小米身上有许多企业的影子。在开放的互联网经济时代，每个人都可以借鉴别人的成功模式。但小米在借鉴他人长处的同时，始终坚持走自己的道路。

专注地做极致产品，树立粉丝口碑，快速试错与更新。大道原本简约，小米模式可以被更多企业借鉴。这也是雷军的心愿，但他也坦言：

“小米对用户的尊重，小米的粉丝文化，小米追求极致产品的热忱，并不是那么好学的。”

2. 蒋雅芬：80后为何能月赚近10万元

快节奏的生活让人们拼命朝前赶。等回过神来时，周围的一切都已经变样了。80后的年轻人正在逐渐成为社会的中坚力量。他们既有展望未来的梦想，又有浓浓的怀旧情结。80年代出生的人恰好处于改革开放之初的转型期，新旧时代生活交替的剧烈变化，给他们的童年留下了不同于后代人的烙印。于是，80后网民们纷纷在网上发怀旧帖，纪念今天的孩子吃不到的食品，历数快要绝种的游戏。怀旧情结的蔓延，激发了许多人的创意，也催生了新的商机。

淘宝网上有一家卖化妆品与护肤品的店叫“唐寄奴”。唐寄奴不仅名字古香古色，而且主打怀旧牌，让80后心目中老字号的国货重新回归了市场。

香香、百雀羚、宫灯杏仁蜜、友谊雪花膏、蛤蜊油，这些国货护肤品中的“老奶奶”产品，差点真的永远成为记忆。尽管物美价廉，但老牌国货护肤品的销售渠道一直不畅。外国名牌与新兴国内品牌迅速抢占市场，让利润微薄的老牌国货濒临死亡。但电子商务的兴起，却意外地给老牌国货们带来了转机。

唐寄奴的创始人蒋雅芬，是一位个性十足的80后女子。在大学时代曾经颇为叛逆的她，因为在淘宝上开国货护肤品专营店而名声大噪。淘宝不止一家国货护肤品专营店，但唐寄奴打出了独具特色的怀旧牌。开店之初，唐寄奴的销售成绩惨不忍睹，三个月下来，仅仅盈利300元。但经营4年多后，唐寄奴一个月的流水额就高达50余万元。要知道，这个成绩是在国货利润微薄的前提下实现的。如今，唐寄奴已经通过了淘宝金牌买家认证，业务也从护肤品扩展到了养生食材等产品。

但“国货女王”蒋雅芬的创业之路也充满了曲折与艰辛。

在创立唐寄奴之前，蒋雅芬是某杂志的时尚编辑，工作相对轻松，业余时间充裕。当时淘宝网的交易额和注册用户数量增长均达到110%以上。酷爱挑战新鲜事物的蒋雅芬，也加入了浩浩荡荡的淘宝大军。她在业余时间把自己的二手物品挂在网上出售。她身上有着80后浓厚的怀旧情结，特别钟爱的是那些“老奶奶”级别的国货护肤品。

有一回，蒋雅芬为杂志策划了一期有关经典老字号国货的专题。为了搜集素材，她跑遍了数十家大大小小的商场和超市。这些80后童年时的畅销品在当时已经差不多绝迹了，时代的车轮是如此的无情，几乎把这些承载着几代人记忆的老国货全部抛弃了。蒋雅芬好不容易才把这些产品从犄角旮旯搜了出来。

这一期杂志很成功，一下子勾起了许多80后消费者的记忆。不少同样有国货情结的网友，纷纷委托蒋雅芬代购老字号国货护肤品。蒋雅芬欣然接受了他们的请求。

蒋雅芬常常在各大商场和邮局之间奔波，进货与邮寄成为她日常生活中不可缺少的一部分。把一盒价值1.3元的香粉分装到几个小袋里，每一袋都封好，然后在淘宝标价1毛钱，贴上8毛的邮票，最后寄到淘友手中。所有的辛苦，只为满足国货爱好者们的怀旧情结。

出乎蒋雅芬意料的是，在自己兼职的头4个月里居然赚到了400元。虽然写一篇稿子也能赚几百块，但远远比不上卖廉价国货护肤品给她的成就感高。2007年5月，《健康时报》为蒋雅芬的国货小店唐寄奴发了一篇报道。唐寄奴的生意一下子火了很多。正是这篇报道，令蒋雅芬决心把唐寄奴当成事业来做。

创业的道路很艰难。蒋雅芬起初试图直接从厂家进货，但对方因为进货量太小而断然拒绝。无奈之下，她只得通过二、三级代理商进货。第一批货物价值6000多元，利润少到几乎能忽略不计。蒋雅芬独挑大梁，包揽了客服、进货、打包、寄件、售后服务等全部工作。2007年，唐寄奴总共只盈利1万多元。付出得不到回报，这让蒋雅芬非常沮丧，好几次差点想放弃。

就在这时，一位消费者刚拿到货就给蒋雅芬打来了电话。她说自己订购的宫灯杏仁蜜已经到货了，终于找到了已经去世的姥姥身上那种熟悉的味道。消费者失而复得的喜悦心情感染了蒋雅芬。这些“祖母级”国货不仅仅是件商品，还寄托了80后难以忘怀的特殊情感。正是这份怀旧情结鼓舞了蒋雅芬继续坚持经营唐寄奴。

随着淘宝网的国货护肤品店铺越来越多，市场竞争越发激烈，而蒋雅芬深知只有特色鲜明，才能在互联网经济中赢得客户。

她把所有待售产品都试用了一遍，并认真写下使用心得和导购语。同类企业从未有过这种做法。通过创新与努力，唐寄奴以店铺独有的古典诗意氛围，吸引了越来越多的回头客。这些顾客又以口碑传播扩大了唐寄奴的影响力。此外，《健康时报》的报道上传到人民日报网以后，被许多海外华人论坛网站转载。结果，蒋雅芬常在半夜接到来自海外的电话，平均每天有10余个海外订单。其中英国、加拿大的中国留学生常在唐寄奴购买国货。就这样，唐寄奴的生意渐有起色，每日流水额从几十块钱一路涨至3000多元。

随着唐寄奴在淘宝上的名气越来越大，某些同行竞争者直接抄袭唐寄奴的使用心得和导购语，甚至有些无节操的个别店铺，公然山寨唐寄奴品牌以招揽顾客。而那些曾经把蒋雅芬拒之门外的国货厂家，也纷纷找上门来，希望能直接为唐寄奴提供货源……

经过多年的起起落落，唐寄奴在管理上已经非常成熟。哪怕蒋雅芬一个月不在工作间露面，唐寄奴也能正常运作。主管、客服、库管、打包员、制单员等12名员工各司其职，工作有条不紊。如今，唐寄奴已经是名声在外的淘宝五星级皇冠店，平均每月流水额达50万元，至少能赚10%的净利润。店铺的国货产品类型多达600余种，而店铺的客户群主要集中在18～45岁的公司白领、公务员和学生。

唐寄奴的成功主要在于两点：一是最大限度地发挥了电子商务的便捷性，扩大了老字号国货护肤品的销路与影响力；二是充分迎合了80后一代消费者的怀旧情结，圈定了高忠诚度的目标客户。谁也料不到，拯救那些老字号国货护肤品的，居然是新兴的电子商务。由此可见，在互联网经济时代缺少的不是赚钱机遇，而是善于发现的眼睛。